# BIOGRAPHIE

## DES

## COMMISSAIRES DE POLICE

### ET

### DES OFFICIERS DE PAIX

#### DE LA VILLE DE PARIS.

IMPRIMERIE D'A. BÉRAUD,
RUE DU FOIN-SAINT-JACQUES, N° 9.

# BIOGRAPHIE

## DES
## COMMISSAIRES DE POLICE

ET

## DES OFFICIERS DE PAIX
### DE LA VILLE DE PARIS,

SUIVIE

## D'UN ESSAI
### SUR L'ART DE CONSPIRER,

ET

## D'une Notice

SUR LA POLICE CENTRALE, LA POLICE MILITAIRE, LA POLICE DU CHATEAU
DES TUILERIES, LA POLICE DE LA GARDE ROYALE, LA POLICE DE LA
PLACE, LA POLICE DES ALLIÉS, LES INSPECTEURS DE POLICE, LA GEN-
DARMERIE, LES PROSTITUÉES DE LA CAPITALE, VIDOCQ ET SA BANDE ;

### OUVRAGE PUBLIÉ SUR LE MANUSCRIT
## DE M. GUYON.

## A PARIS,
### CHEZ Mme. GOULLET, LIBRAIRE,
#### AU PALAIS-ROYAL ;
### L'ÉDITEUR, RUE DE L'ARBRE-SEC, No 25 ;
#### ET TOUS LES MARCHANDS DE NOUVEAUTÉS.

## 1826.

# PRÉFACE.

Offrir quelques renseignemens sur les Commissaires de police de Paris, sur cette classe de fonctionnaires publics chargés de maintenir l'ordre parmi les habitans, de surveiller les méchans et de protéger les bons, c'est peut-être se charger d'une tâche difficile à remplir. Il ne s'agit rien moins que de signaler les abus auxquels s'abandonnent des hommes spécialement destinés à prévenir les désordres et à sévir

1

contre ceux qui les commettent. Il a fallu prendre sur le fait les intérêts particuliers de ces Magistrats, combattant sans cesse contre l'intérêt général ; il a fallu tendre plus d'un piége à ces malins renards, qui sont continuellement aux aguets, et qui, pour ainsi dire, veillent en dormant. Mais avec beaucoup de persévérance et un peu d'adresse, on atteint tous les buts du monde.

Cet ouvrage n'est que le premier coup de crayon de la Biographie des Commissaires de police de Paris. Chacun dans son arrondissement, en s'emparant de cette esquisse, pourra achever le portrait de manière à ce que la ressemblance soit parfaite.

A l'époque de leur institution, les Commissaires de police n'étaient que de simples surveillans chargés, seulement de maintenir le bon ordre; mais la révolution a étendu leurs pouvoirs, et les différens gouvernemens, qui se sont succédés depuis 3o ans étant d'une défiance extrême, les Commissaires de police pour les servir ont dû naturellement s'immiscer dans tous les rapports sociaux, pénétrer chez les citoyens pour connaître leur opinion politique; et, ce qu'ils n'ont pu savoir, ils l'ont deviné ou controuvé. C'est ainsi que trop souvent ils ont peint les hommes sous de fausses couleurs, et fait pressentir des événemens qui ne se sont jamais réalisés. Mais il fallait se conserver dans son emploi, se rendre utile, se faire croire indispensable: peu importe à quel prix.

A diverses époques on a donc créé des dangers imaginaires dont la source s'échappait des documens fournis par la police des Commissaires de quartiers, lesquels étant jugés nécessaires ont vu s'agrandir leur domination: aujourd'hui ce sont de petits proconsuls dans leurs arrondissemens, de vrais potentats bien rétribués par le gouvernement, gorgés d'indemnités et des cadeaux de ceux qui redoutent leur surveillance.

# BIOGRAPHIE

### DES

## COMMISSAIRES DE POLICE

### DE

## LA VILLE DE PARIS.

———————

BRUZELIN commissaire du quartier du Roule,
( 1er arrondissement ): le bonhomme Bruzelin,
poudré, coiffé comme en 1790, a beaucoup de
manières de l'ancien régime ; il est, suivant la for-
mule féodale, le très-humble et très-obéissant serviteur des grands, et le protecteur des petits, et
chacun est reconnaissant à sa manière ; aussi
trouve-t-il dans l'exercice de ses fonctions l'utile
et l'agréable. Avec son système d'obligeance,
M. Bruzelin a trouvé le moyen de marier assez

avantageusement deux demoiselles qui n'avaient
guère pour dot qu'un minois fort agaçant ; elles
jouaient assez bien la comédie bourgeoise et les
charades en action, chez un sieur Bellanger, leur
voisin, fabricant de tapis rue d'Anjou.

Le commissaire Bruzelin a son fils pour secrétaire, qui sans doute sera son successeur ; il suivra
les erremens du papa, et tout ira pour le mieux.
Il y a partout des gens qui, malgré leur nullité,
trouvent toujours le moyen de se perpétuer en
place.

DEMAZUG, rue du Doyenné, commissaire de
police du quatier des Tuileries, ( 1er arrondissement. ) Le voisinage de la Cour et de fréquentes
communications avec quelques commissaires subalternes du château, donnent au commissaire
Demazug une apparence d'influence. Lorsqu'il
a eu l'honneur de paraître dans les antichambres
des Tuileries, il en revient gonflé d'arrogance ; et,
prenant un air de courtisan, il sait tout comme
un autre faire de bonne foi de fausses promesses.
Lorsqu'il a écouté avec une grande attention les
*on dits* de la Cour, il les rapporte à d'autres
gobe-mouches qui les mettent en circulation
dans la ville où chacun les commente. Et voilà
des nouvelles !

Il faut toute l'intelligence et tout le zèle du commissaire de police et de son secrétaire, pour obtenir, du corps des balayeurs publics, la propreté que l'on remarque dans le quartier.

Monestier, commissaire de police du quartier des Champs-Élysées, ( 1er. arrondissement ). Il traite ses administrés comme des âmes bienheureuses, et qui habitent un séjour de paix et de jouissance. Il serait pourtant bon que M. Monestier, mettant un peu de côté sa mythologie, s'occupât davantage de la police de son arrondissement, surtout la nuit, et qu'il dirigeât principalement sa surveillance du côté des Champs-Élysées, où l'on dévalise assez souvent les passans, et où s'établissent, avec une impudeur sans exemple, les disciples de Sodôme. M. le commissaire, les mœurs, la décence, la nature crient après vous : seriez-vous sourd à leurs cris?

Le sieur Vignon fils fut le secrétaire du commissaire Monestier. On lui pardonna des exactions bien constatées; l'impunité l'encouragea, il retomba dans le péché, et il est disparu depuis un arrêté de destitution.

Patrouilleau-Duterrier, rue Caumartin, commissaire de police du quartier de la place Vendôme, ( 1<sup>er</sup> arrondissement ). Ce magistrat est plus ou moins sévère avec ses administrés, et c'est dans la balance des procédés qu'il pèse les délits et les contraventions; il est des accommodemens avec lui comme avec le ciel. Sa confiance est telle dans les agens de police de son arrondissement, qu'il ferme aveuglément les yeux sur leur conduite; lorsqu'on porte des plaintes contre eux, on obtient difficilement justice sur ce point. Un des inspecteurs aux maisons garnies, qui s'entendait avec les logeurs et commettait des exactions, fut dénoncé, et sa faute prouvée; malgré cela, le commissaire Daterrier, qui sans doute connaissait l'inconduite de l'agent, le soutenait.

CHARDON, commissaire de police du quartier de la Chaussée-d'Antin, ( 2<sup>e</sup> arrondissement), est un ancien pauvre avocat; et avocat si pauvre qu'il a été obligé de quitter son cabinet pour se jeter dans la police. On l'a beaucoup occupé à l'époque des élections où il fut question d'empêcher la réélection de M. Lafitte; il mandait à la barre de son commissariat les marchands de vins, les épiciers, les débitans de tabac, les bouchers, leur promettant sa protection s'ils voulaient voter dans le sens qu'il désignait. Il s'agitait en tous sens, et des voitures étaient à sa disposition pour transporter dans les différens collèges les électeurs dont les dispositions lui étaient bien assurées. Jamais cause au barreau ne lui a autant valu que ces démarches pour la *bonne cause*, et peut-être pour sa fortune : doit-on lui conseiller de former une agence entreprenant les élections ?

Le commissaire Chardon a eu pour secrétaire un sieur Maratteau, destitué pour exactions commises dans son arrondissement. A ce secrétaire peu délicat en succéda un autre qui est à Sainte Pélagie : le sieur Gronfier, fils d'un commissaire de police, en remplit aujourd'hui les fonctions. La mouche privilégiée du commissaire Chardon est l'agent *Gayetti*, limier de police très-âpre à la curée. Son plus doux passe-temps est de surveiller les maîtresses de banquiers, des agens de change ; il fait, au besoin, la commission ; et, empruntant les ailes de Mercure, il sait adroitement, au moyen d'un bon salaire, aider à tromper un mari, à donner le change à de crédules parens et à conduire un jeune tendron dans les allées mystérieuses du temple de Gnide. Qui se ressemble s'assemble. Ce proxénète d'amour a pour amie intime une beauté facile, dévouée aussi au service public sous les étendards du plaisir, et qu'une fois, par méprise, on envoya à la Salpétrière où son digne ami la réclama.

CHEVEREAU, commissaire de police du quartier du Palais Royal, ( 2ᵉ arrondissement), le mathusalem des commissaires de police de la capitale; il a, dans ses attributions, les maisons de jeu et de débauches, les prêteurs sur gages autorisés et non autorisés et bien d'autres spéculateurs qui, pour aller à la fortune, ne suivent pas toujours la ligne droite. Le commissaire Chevereau avait dans sa juridiction tout ce que Paris a de plus immoral, l'*Hôtel d'Angleterre*, cet infâme repaire, où en jettant ses filets, la police pouvait saisir autant de fripons qu'elle saisissait de personnes (1).

Le quartier du Palais Royal, pour un commissaire adroit, est une mine d'or à exploiter ; et le bon homme Chevreau blanchi sous le harnois, vieillard sensible aux dons de Plutus, sait plumer la poule sans trop la faire crier ; si ce n'était lui, ce serait un autre. Les prêteurs sur gages, proprement dits, sont ses fermiers qui, tous,

(*) Depuis l'assassinat commis sur le Sʳ. Joseph, changeur de monnaies au Palais-Royal, le gouvernement a fait fermer ce lieu abominable.

s'acquittent bien exactement envers lui : le nommé Bernard surtout est sa meilleure pratique ;
aussi à l'ombre tutélaire du commissaire, cet honnête prêteur est en même temps brocanteur, tailleur, et tenait *maison de passe*. Les prêteurs
*clandestins* paient plus cher le droit de fripon-
ner, et mille autres petites faveurs s'accordent
*gratis*, comme le docteur Bartholo loge gratis le
barbier Figaro : tant il y a que le commissaire de
police Chevereau jouit d'une certaine aisance,
que ses appartemens sont meublés avec luxe,
qu'on fait anti-chambre chez lui, rue d'Argen-
teuil, et que tout ce qui l'entoure sent le petit
ministère à une lieue à la ronde.

Les bandes d'*honnétes* gens que M. Chevreau
fait souvent arrêter, comme des coquins, le désignent sous le nom de *l'ours blanc à tous crins*,
parce qu'il a les cheveux très-blancs, et qu'il les
porte en queue : c'est un vieux renard qui connaît
toutes les ruses du métier.

Tel maître, tel valet! Le secrétaire du commissaire Chevreau, tire fort bien son épingle du
jeu ; il exploite son secrétariat avec infiniment de
dextérité, et sa protection n'est point à dédai-
gner ; mais il faut la bien payer.

Deroste , commissaire de police du quartier
Feydeau, ( 2ᵉ arrondissement ), joue l'homme
d'importance , et croit donner de lui une haute
idée en prenant le ton haut et décisif. Amateur
des belles, les courtisanes de haut parage ( et
son arrondissement en contient un bon nombre)
l'appellent volontiers comme conciliateur dans
leurs discussions amoureuses ; et nous lui devons
cette justice , c'est qu'il les termine presque toutes
à l'amiable. Sur cela il a bien sa commission ,
mais ces dames sont toujours en fonds pour reconnaître les services qu'il leur rend.

Ce magistrat paraît jouir d'assez de crédit à
l'administration de la police. C'est à sa protection que son ex-secrétaire , M. Basserelle, doit
la place d'officier de paix. On remarque, dans
le quartier Feydeau , que M. le commissaire ne se
dérange pas facilement, surtout lorsque les affaires
pour lesquelles il est requis ne lui conviennent
pas. Il a principalement la crainte de déplaire aux
riches et aux gens qui sont en place : le reste l'occupe fort peu. Cela ne laisse pas que d'être rassu-
rant pour la classe mitoyenne.

Thouret , commissaire de police, rue Rochechouart , quartier du Faubourg Montmartre ,
(2ᵉ arrondissement). Ce fonctionnaire public mène

la vie d'un chanoine, ne se mêlant de rien ; brave
homme qui voit tout en beau, et qui ne se doute
pas qu'on puisse faire le mal dans son arrondissement, parce qu'on ne va pas casser ses vîtres.
Aussi les prostituées bénissent M. le commissaire,
qui ne les contrarie en rien dans ce qu'elles appellent *leur commerce*. Les logeurs et les gargo-
tiers rient dans leur barbe, et sont sans crainte
au milieu des infractions ; les ouvriers, qui
abondent dans ce quartier, se battent de tous
côtés sans qu'on vienne les séparer ; la rue de la
Boule-Rouge est d'une malpropreté repoussante,
les porteurs d'eau y font la loi ; et l'invalide, qui
préside à la distribution de l'eau filtrée, leur
donne impunément des coups de sabre. Il trouve
de faux témoins qui attestent son innocence,
mais il lui en coûte bon nombre de petits-verres.
Les garçons bouchers descendent de l'abattoir au
grand galop, au risque d'écraser chaque jour
vingt piétons.

Voilà le résumé exact de la surveillance du
commissaire Thouret. Soyez tranquilles, habitans
de la bonne ville de Paris, vous voyez comme on
veille à votre tranquillité.

Le sieur Daudin est le secrétaire, le digne collaborateur du commissaire Thouret, qui, comme
son patron, sait arrondir une phrase et sa poche,

tout en prodiguant les périodes dans un rapport ; mais qui, l'un et l'autre, n'entendent rien ou ne veulent rien entendre à la répression des délits qui se commettent sous leurs yeux, ni aux ordres à donner pour la salubrité.

---

DENAYER, commissaire du quartier Montmartre ( 3ᵉ arrondissement ), homme nul ; mais présomptueux et entêté comme le sont tous les sots. Ce magistrat, occupé sans cesse à paperasser, porte souvent à la préfecture de police des rapports établis sur des riens, et où se montre à chaque ligne son incapacité.

Son secrétaire est digne, en tous points, de marcher sur ses traces; et quand ces deux hommes ont ramassé la somme totale de leur intelligence, on peut se demander encore ce qu'ils ont fait de tout leur esprit.

DESCHAMPS, commissaire de police du quartier Saint-Eustache, ( 3ᵉ arrondissement). Ce quartier, la réunion journalière de marchands et de brocanteurs de tous genres, s'il était bien surveillé, serait bien plus propre qu'il ne l'est; et si le bon ordre y régnait, il serait beaucoup plus facile à traverser, la canaille n'y aurait pas la voix si forte, les honnêtes gens n'y passeraient pas avec crainte, les comestibles seraient peut-être de meilleure qualité, et jamais vendus à faux poids.

M. Deschamps a son fils pour secrétaire, et qui, à l'imitation de son père, paraît enclin à la plus douce incurie.

GALLETON, commissaire de police du quartier du faubourg Poissonnière, (3ᵉ arrondissement). Ce fonctionnaire est loin de manquer d'intelligence, aussi fut-il un certain temps adjoint en chef de la police centrale. Comme on a cru remarquer en lui une tendance à l'inactivité, on l'a relégué dans son faubourg. S'il n'eût fait que des affaires de police, il serait probablement resté dans la haute police; mais il a voulu faire des affaires bourgeoises, faire du papier, mettre des billets en circulation, et il continue de se livrer à ce genre de spéculation. On lui reproche de se montrer trop indulgent pour certains chevaliers d'industrie dont les opérations ont par fois quelqu'affinité avec celles auxquelles il se livre.

Son secrétaire, le sieur Paillotet, se plaît à prendre son patron pour modèle, et s'il ne s'arrête pas en route, il ira avant dans la carrière.

GARNIER, commissaire de police du quartier du Mail, ( 3e arrondissement), est un homme actif, très remuant, et, si on l'en croyait, il serait propre à tout. Ce magistrat est dévoré d'ambition; il frappe à toutes les portes pour obtenir un emploi plus élevé; en attendant que celle de la fortune lui soit ouverte par les protections qu'il occupe de cet emploi, il se mêle de liquidations, d'héritages, d'affaires, et il a la réputation, en faisant celles des autres, de bien faire les siennes. On dit que, chez lui, le *savoir-faire* vaut mieux que le *savoir*.

Le sieur Mathéas, son collaborateur, est un homme fort laborieux, dont l'intelligence seconde bien les vues de M. Garnier.

———

BASSET, commissaire de police du quartier de la Banque de France, ( 4e arrondissement). S'il surveillait mieux son arrondissement, les maisons garnies dont il abonde, seraient mieux tenues, ne seraient pas le réceptacle des escrocs, des filoux, des chevaliers d'insdustrie de toute espèce; on ne tiendrait pas dans les tables d'hôtes de ces maisons garnies, les propos les plus infâmes contre l'autorité. La faute en est aussi aux inspecteurs de police, que les maîtres d'hôtels, que les lo-

geurs savent circonvenir; et voilà pourquoi tant
de fripons se cachent si bien dans Paris, et que les
registres des maisons garnies sont tenus avec une
coupable négligence.

FRANÇOIS, rue Saint-Honoré, commissaire de
ce quartier, (4ᵉ arrondissement). Personne ne
sait mieux que ce fonctionnaire public, conduire
sa barque; les affaires et les plaisirs se partagent
son temps. Honni soit qui mal y pense, mais il
choye diablement une veuve qu'il console des ri-
gueurs de la viduité, et la dame pousse, dit-on,
l'affection pour lui à un tel point, que, malgré
trois à quatre marmots, issus d'elle et probablement de *feu son mari,* elle a fait un testament où
l'ami *François* a plus d'une part d'enfant.

JEULIN, commissaire de police du quartier du
Louvre, (4ᵉ. arrondissement. ) Pauvre homme
en administration, mais qui justifie cet adage :
*tant vaut l'homme, tant vaut la place.* On ne
conçoit pas comment l'administration supérieure
de laquelle il dépend, ne se lasse pas de son inapti-
tude qui se reproduit sans cesse; on conçoit encore
moins comment cette administration, qui a tant
d'yeux, ne voit pas ou ne veut pas voir les concussions auxquelles se livre le sieur *Luzin*, secrétaire

en chef du commissaire Jeulin. Ce sieur Luzin s'abandonne aux bénéfices illicites de sa place avec une impudence sans exemple ; car il est notoire, pour une foule de personnes, qu'il reçoit ostensiblement, chaque mois, des rétributions assez importantes pour informer tels et tels des mesures de police qui pourraient les atteindre. L'agent d'affaires *Brunet*, de la rue St.-Germain-l'Auxerrois, peut dire combien le secrétaire du commissaire de police fait payer les services qu'il rend, et d'autres savent quel prix il attache aux places qu'il promet et à l'impunité de certaines femmes. Lorsque tant de gens offriraient volontiers leur bourse pour être débarrassés du pesant fardeau des chaînes de l'hymen, le secrétaire *Luzin* trouva, il y a quelque temps, un nommé *Fournier* qui lui donna 400 f. pour l'aider dans un mariage qui n'eut pas lieu. Un Anglais fut également sa dupe ; mais l'affaire ayant été portée en police correctionnelle, il y eut désappointement pour M. le secrétaire qui fut obligé de restituer.

Les commissariats de police sont toujours entourés d'agens prêts à vous happer au passage, prêts à fermer les yeux sur les réglemens de police. Avec le signe représentatif, on sait adroitement les aveugler, et personne ne se prête plus complaisamment à cette douce infraction, que l'agent

*Schneider*, employé auprès du commissaire Jeulin, qui reçoit grassement, des étaleurs, la permission d'éluder la loi.

MASSON, commissaire de police des halles et
marchés, (4ᵉ arrondissement.) Ce magistrat est
chargé de la délivrance des livrets à tous les ouvriers. Au ton d'importance qu'il prend, on voit
qu'il a voulu ériger sa place en un ministère. Si
la morgue et la dureté envers ses administrés pouvaient donner de la considération, le commissaire
Masson est en mesure pour jouir de beaucoup
d'estime ; il est en faveur depuis fort long-temps,
et son adresse saura conserver au beau fixe son
étoile de prospérité.

Quelques personnes lui reprochent d'affecter
une grande sévérité ; mais cette rigidité de
commande disparaît entièrement à table où il
s'humanise, et où ses séances sont assez étendues.
La terre et l'onde sont tributaires de son goût et
de tous ses désirs en gastronomie ; de tous côtés il
est entouré d'hommages qui viennent délicieuse-
ment chatouiller les houppes nerveuses de son
palais et de son adorat ; mais voulant allier l'apparence de l'incorruptibilité à la sensualité, jamais
il ne reçoit rien ostensiblement ; mais son cuisinier, homme facile et bon, reçoit, sans hésiter, tout

ce qui peut entretenir la somptuosité et la délicatesse de la table de ce moderne Lucullus. Par ce
moyen , la conscience de M. le commissaire est
aussi tranquille que son estomac est satisfait.

Ce magistrat réunit à ses premières fonctions ,
celles du ministère public près le tribunal de police simple , qui connaît de toutes les contraventions commises par les logeurs, charretiers, cochers
de fiacre, débitans, etc. ; et quand ces délinquans
paraissent devant lui , lorsqu'il est affublé de sa
robe noire, il ne lui manque que la grande ba-
guette blanche de *Bride-oison* pour avoir quelque
ressemblance avec ce juge espagnol. Il n'est pas
plus instruit que lui, mais beaucoup plus sévère :
car il juge et condamne sans miséricorde et sans
appel. Sa conscience est toujours suffisamment
éclairée , quoiqu'on n'aie pas la faculté de s'expli-
quer sur le délit *incriminé.*

Le secrétaire du commissaire Masson, le sieur
*Vaissade de la Canourgue,* marche assez bien
sur les traces de son très-suffisant patron dont il
imite aisément le ton et les manières ; il renchérit
même encore sur les brusqueries de son maître,
auquel il est supérieur aussi, du côté de l'esprit.
C'est un gascon qui fera son chemin , car les spiri-
tuels enfans des bords de la Garonne savent tour-

à-tour se servir de la bride et de l'éperon pour conduire leur dada à la fortune.

————

COURTEILLE, commissaire de police du quartier du Caire, ( 5e arrondissement ). On l'avait d'abord placé dans le quartier des écoles, mais pour contenir et morigéner ces essaims de jeunes étudians, on ne l'a pas cru assez fort, et avec eux plus qu'avec tout autre il y aurait perdu son latin. M. Courteille est de Rennes, et paraît être le protégé du ministre de l'intérieur. Les fripons, les voleurs, les assassins, les filoux, les filles, semblent se donner préférablement rendez-vous dans le quartier du Caire, et la répression des délits est étonnamment négligée : s'il en était autrement, on aurait découvert de suite l'assassin de la femme nᵒ 16, rue Beauregard. Pour cela il faut plus d'activité, plus d'adresse, plus de ruses que n'en apporte dans ses fonctions M. Courteille, qui n'a pas ce qu'on appelle le savoir faire du métier.

Le secrétaire du commissaire Courteille, le sieur *Langlet*, ancien maître d'école de village, passe dans le quartier pour un érudit; mais en cessant d'être magister et en raison de l'étendue de ses connaissance, il est entré d'emblé agent en pied de la police centrale. Il a contracté là des ha-

bitudes que les marchands de vins du quartier du
Caire arrosent avec du Frontignan et du Grenache,
ce qui fait que parfois la tête du secrétaire *Lan-glet* est un peu dans les vignes du Seigneur.

DESALES, commissaire de police du quartier
Montorgueil, (5ᵉ arrondissement). Homme sans
capacité, collègue et élève du sieur Masson, au
tribunal de police, qu'il a pris pour modèle.
Pauvres administrés..... Encore si le secrétaire de
votre magistrat de sûreté ne ressemblait pas à son
patron !

DYONNET, commissaire de police du quartier
du Faubourg Saint-Denis, ( 5ᵉ arrondissement),
ancien militaire, qui n'a pas oublié qu'en changeant d'habit il faut toujours songer à l'honneur,
dont il porte le signe à la boutonnière. Il connaît
encore fort peu le métier qu'il fait aujourd'hui ;
mais acquérant des connaissances, il remplira
toujours ses devoirs avec lesquels jamais il ne
transigera. Il fut dénoncé un jour par son collègue
*Foubert*, qui avait entendu *ce qu'il ne disait
pas* ; il ne faut pas s'en étonner : Foubert était en
place au temps de *la loi des suspects.*

M. Dyonnet a pour secrétaire, le sieur Le-

fèbre, qui est dans les mêmes principes que son
patron.

Avoir à dire du bien de quelques employés de
la police, c'est nous dédommager du mal que nous
éprouvons réellement à blâmer le plus grand
nombre. Il serait si doux de n'avoir que des éloges
à distribuer !

GUÉRARD, commissaire de police de la porte
St.-Martin, ( 5e. arrondissement. ) Il fut jadis juge
de paix à Montbare. C'est à M. de Quinerot, juge
à la cour royale, qu'il doit son occupation dans la
police. Il protège à son tour, mais plus particulièrement les gens du haut parage : on le dit fort
adroit en affaires, et la dextérité avec laquelle il
a su s'immiscer dans la riche succession d'un nommé *Pitois*, prouve sans réplique son intelligence.
Un collatéral de plus n'a pas trop effrayé les véri-
tables héritiers du brocanteur Pitois, auxquels on
a su si bien dorer la pilule, que les plus clairvoyans
n'ont pas soupçonné la plus légère fraude.

Le secrétaire du commissaire Guérard ne vaut
pas l'honneur d'être nommé. Ce n'est tout bonne-
ment qu'un simple copiste, une machine à écrire
sans vues ni vertus; mais on doit mentionner particulièrement le sieur *Chevalier*, agent de police,
tout dévoué au commissaire Guérard. C'est auprès

des épiciers, des marchands de vins et d'autres détaillans que l'honnête chevalier bat monnaie, et ajoute assez amplement à ses émolumens.

———

BORDES DE LA SALLE, commissaire de police du quartier St.-Martin-des-Champs, (6e. arrondissement.)

Ce magistrat, voulant avoir plus d'une corde à son arc, s'est lancé dans les spéculations commerciales ; et sa femme, sous le nom de laquelle il prit une patente, devint son premier commis ; il l'associa avec un sieur Leblond, marchand d'étoffes, rue Montorgueil. Celui-ci, après avoir taillé en plein drap dans la caisse de la société, est disparu, emportant au commissaire-commerçant, à-peu-près 10 à 12 mille francs. Quelques dévots du quartier dirent, c'est pain béni : et voilà comme ce qui vient de la flûte s'en retourne au tambour. On plaint d'autant moins le commissaire de la Salle, qu'on le dit assez adroit pour savoir réparer la perte qu'il a faite.

Le sieur Morel, son secrétaire, qui a devant lui l'exemple du malheur de son patron, pour éviter qu'on ne lui emporte les honnêtes petits bénéfices résultans de sa place, se dépêche de les dissiper à mesure qu'ils lui arrivent.

FOUBERT, commissaire de police de la porte
St.-Denis, ( 6e. arrondissement, ) Ce magistrat
était partisan du gouvernement révolutionnaire,
et l'ami intime des plus redoutables membres des
comités de terroristes. En l'examinant bien, on
aperçoit encore le bout de l'oreille que ne cache
point son bonnet rouge, qui a pris la couleur du
jour. Lors de la loi des *Suspects*, il fut un des plus
habiles pourvoyeurs des maisons d'arrêts ; il vous
flairait un noble, un prêtre, un honnête homme
à deux lieues à la ronde. Cela lui a rapporté beaucoup d'argent. Il a toujours conservé cet amour du
bien public ; car, aujourd'hui pour peu qu'on l'in-
téresse, il dénonce très-facilement même ses collègues ; et son zèle va si loin, que, lorsqu'il n'a
rien pu recueillir sur leur compte, il se plaît à
controuver innocemment les moyens de les tourmenter. Il veut à toute force faire fortune, et, suivant lui, pour arriver là, tous les moyens sont
bons. Cet homme est constamment aux aguets, et
parmi les gens du peuple, son nom est passé en
proverbe.

« Tu es comme le commissaire Foubert, qui
» dort un œil fermé et l'autre ouvert. »

Le sieur Boureau, secrétaire, digne émule de
M. Foubert, ne néglige aucune occasion d'amé-
liorer son sort ; c'est un garçon fort actif, fort in-

telligent, nullement manchot; car, en même temps
qu'il écrit d'une main, il reçoit de l'autre.

GRONFIER, commissaire de police du quartier
du Temple, (6ᵉ. arrondissement. ) En raison de
sa structure, on aurait plutôt dû en faire un
tambour major qu'un magistrat de police. Celui-ci
a le verbe haut, et semble vous dire : écoutez-moi
dans le silence, je suis un homme d'importance.
Les fonctions du commissaire ne sont guère pour
lui que ses occupations secondaires; car, soit indif-
férence pour les devoirs de sa place, ou tout autre
motif d'intérêt particulier, monsieur n'aime pas à
se déranger, à se déplacer lorsqu'il s'agit de ses
fonctions. Mais son cabinet est transformé en un
comptoir d'escompte : aussi se croirait-on plutôt
chez un agent de change que dans une succursale
de préfecture de police, dont il connaît bien moins
les ordonnances que le cours de la bourse.

Son secrétaire, qui lui est tout dévoué, le seconde parfaitement bien dans tous ses travaux; et,
dans un bureau où l'on compte si bien , M. le secrétaire doit aussi y trouver son compte.

MAIGRET, commissaire du quartier des Lom-
bards, ( 6ᵉ. arrondissement. ) Il fut long-temps la
providence de tous les fournisseurs de remplaçans

pour le recrutement; il délivrait des certificats qu'il signait avec une extrême facilité, grâce à l'argument irrésistible qui séduisit dom Bazile.

Celui de ces fournisseurs d'hommes qui trafique le plus heureusement sur les remplacemens, au point de s'y enrichir, fut un nommé *Lambert*; mais qui, étant venu à mourir, donna l'idée au commissaire Maigret de le remplacer. Trop d'ardeur l'emporta dans la carrière, et l'autorité l'arrêta trop tôt pour sa fortune.

M. Maigret n'est point un méchant homme; il est doué d'un caractère très-doux, très-liant. Les confiseurs de son quartier ne l'oublient pas dans l'année; et, à l'époque du premier de l'an, sa maison ressemble à un bazar en sucrerie, où abondent les signes éclatans de la reconnaissance de l'honnête et désintéressé commissaire.

Le sieur Fortin, le secrétaire du commissaire Maigret, est aussi un bien honnête garçon, très-désintéressé; mais qui, au besoin, ne refuse pas les douceurs du fidèle berger, les friandises de la barbe d'Or et les pralines du grand Monarque.

———

BASTIEN DE BEAUPRÉ, commissaire de police du quartier Saint-Jean (7e. arrondissement). Il a, dit-on, été avocat. On le croirait à cause de son amour pour les affaires, car le bureau du commissaire de police prend souvent la forme d'un cabinet d'avoué, où, sans doute, les épices arrivent en raison des affaires qu'ils arrangent.

Un bruit sourd est parvenu jusqu'aux oreilles de gens qui ne le sont pas. Il résulterait de ce bruit, que ce M. Beaupré serait accusé de soustraction de pièces jointes à un procès-verbal. Son secrétaire Goyon, ainsi que des agens, sont compromis dans cette accusation.

Le commissaire Beaupré sacrifie facilement à Bacchus, et sa raison fait souvent naufrage dans la coupe du dieu des pressoirs. Son teint enluminé annonce bien toute son intempérance, et c'est toujours après dîner qu'il s'efforce de prendre le ton haut et faussement imposant.

Boniface, commissaire de police du quartier des Arcis ( 7e. arrondissement ); il l'était précédemment à St.-Denis, près Paris. C'est, dit-on, l'intelligence dont il est doué, qui l'a fait appeler dans la capitale. Il a remplacé le sieur *Furaux*, qui protégeait beaucoup trop ouvertement les fournisseurs de remplacemens, pour lesquels il avait établi, chez lui, un atelier de certificats. L'autorité s'en est formalisée. Mais Furaux perdit sa place pour avoir été surpris en flagrant délit dans le quartier du Luxembourg, prenant les ébats qui causèrent l'incendie de Sodôme ; et cette infamie fut dénoncée par un de ses collègues qui ne put la cacher, car il n'était pas seul lorsqu'il la découvrit.

CHASSERIAUX, commissaire de police du quartier du Mont-de-Piété, (7e. arrondissement). Ce magistrat est la providence de tous les brocanteurs et marchands de *reconnaissances*, qui abusent, qui rençonnent les malheureux qui leur confient ces pièces pour retirer les effets que le besoin, et la misère les forcent à déposer dans cet immense magasin, où l'on prête à 18 pour cent l'argent que l'on prend à 4 pour cent. Quel établissement de bienfaisance! Le commissaire Chasseriaux est adroit; il conduit habilement sa barque, et il doit aborder au rivage de la vieillesse avec une honnête cargaison.

L'officier de paix *Gulland*, le fit long-temps surveiller à cause de ses liaisons avec un Colon qui logeait rue Taitbout, dans la maison occupée par le commissaire de police Chardon. La confiance est une belle chose, surtout entre gens de la balle !

LE CRÔNIER. Ce commissaire de police du quartier Sainte-Avoie, (7e arrondissement), quoiqu'il

ait de l'esprit et de l'intelligence, vient de faire
une sottise qui compromet tout-à-la-fois et sa délicatesse et la perspicacité qu'on lui reconnaissait.

Quoique dans le monde, et dans le beau monde
surtout, on ne soit pas très-jaloux de recevoir chez
soi Messieurs de la police, gens inspirant la crainte
aux plus innocentes personnes, cependant M. Crônier, doué d'amabilité et même d'une sorte d'atticisme, était reçu dans la bonne société, et
M. B..., riche habitant de la rue de ...., en avait
presque fait son ami.

L'habitude endort le mari le mieux éveillé, et
M. B.... quoique se piquant d'être assez dévot,
n'observait pas très-religieusement certain commandement de l'église, qui dit que l'œuvre de
chair ne doit se commettre qu'en mariage seulement. Son épouse avait près d'elle une femme de
chambre qui n'était pas plus jolie qu'elle, mais
qui appétait davantage les désirs du mari. Doux
effet de l'attrait de la nouveauté! Cette appétis-
sante soubrette ne fut pas plus sourde aux doux
propos de son maître, qu'insensible aux cadeaux
qu'il lui faisait à l'insu de sa femme, et Marton
cumula l'emploi de femme-de-chambre avec celui de *servante-maîtresse.* Figaro le dit : « Tant
va la cruche à l'eau, qu'à la fin elle s'emplit; »

M. B.... n'avait pas été *prudent,* et, pour éviter
des troubles domestiques, sous un prétexte spécieux, la femme-de-chambre de M^me B..... fut
ailleurs cacher sa taille rondelette. Elle eut un
appartement, et, à son tour, elle se fit servir. Voilà
donc M. B.... tenant double ménage; mais la
légitime épouse, trop négligée par son infidèle, le
soupçonna de distractions, et du soupçon elle passa
à la certitude, en découvrant le domicile de sa ri-
vale; cependant, en femme prudente, elle n'éclata
pas; elle se plaignit doucement lorsqu'une autre
eût été furieuse, et porta même la bonté jusqu'à
demander à son mari d'adopter l'enfant qu'il avait
eu avec sa femme-de-chambre, qui serait renvoyée
dans son pays. Il s'y refusa, et logea sa maîtresse
autre part. L'épouse se sépara de son mari, qui
lui fait 1000 fr. de pension par mois; mais celle-
ci se plaignit hautement de la conduite de
M. B....; qui, fatigué de l'indiscrétion de sa
femme, s'adresse au commissaire Crônier, lui
peint sa femme comme étant jalouse à l'excès, et
capable de le faire assassiner. Le commissaire,
sans approfondir autrement les faits, fit un rapport à la préfecture de police. Sur ce simple rapport la dame B.... est mise en surveillance, et
l'officier de paix, D...... chargea un agent de
suivre partout ses pas. Elle s'en aperçut, par-

vint à l'officier de paix qui la reçut d'abord assez
mal; mais après cela, lui ayant été recommandée
par M. R...., brigadier de gendarmerie, l'officier de paix s'adoucit, s'humanisa, et promit,
moyennant 1000 fr., de débarrasser M^me. B.....
de la présence, à Paris, de la maîtresse de son
mari; 500 fr. furent comptés sur le champ. Le
temps s'écoulait et la donzelle ne quittait pas Paris; l'officier de paix promettait toujours son renvoi en province, et il l'assura pour une époque
fixe si on lui remettait encore 500 fr. M^me. B.....
les donna, mais n'en obtint pas plus qu'à l'abandon des 500 fr. Fatiguée d'être le jouet de cet
homme qui la trompait, elle porta plainte au
préfet de police, et le chef du bureau central a
été chargé de suivre l'affaire. Mais un autre acci-
dent vient la compliquer; la Dame B.... rentrée
dans son domicile légal, parce qu'elle plaidait en
séparation, reçut un jour une malle d'effets que
lui envoyait son mari; un paquet assez long et
assez gros, cousu et ficelé avec soin, attira son
attention, et, en l'ouvrant en présence d'un tapis-
sier qui était auprès d'elle, il s'en exhala une
odeur tellement fétide, qu'ils en furent presque
asphyxiés. On appela un médecin qui déclara que
ce paquet contenait des substances vénéneuses
dont il fallait bien se garder d'approcher. Une

# 25

requête a été présentée au Procureur du Roi, contre M. B...; et il résulte, de l'information, qu'un de ses domestiques a été chargé par lui d'apporter à sa femme la malle contenant le paquet, en lui recommandant de ne pas y toucher; et que M^me. B......, en voulant savoir ce qu'il contenait, y trouverait quelque chose qui l'amuserait.

Que conclure de cette vilaine affaire? Que la conduite de M. B.... fait naître d'affreux soupçons; et que la police est souvent livrée à des gens qui ne font usage de la portion d'autorité qui leur est confiée, que pour mettre le trouble dans les familles et dans la société.

TISON, commissaire de police du quartier Saint-Jean, (7^e arrondissement), en remplacement du sieur Bastien de Beaupré, destitué pour malversations. Ce nouveau commissaire est dépourvu des talens indispensables pour bien remplir les fonctions qui lui sont confiées, et à l'article *Police Militaire*, nous avons démontré son immoralité; mais il a servi le général Coutard dans l'affaire des décorations, et celui-ci a été tellement pressant auprès du ministre de l'Intérieur, que *Tison* a obtenu le commissariat de police. Quelqu'un faisait observer au ministre que *Tison* était indigne

3

de l'emploi qu'il occupait : Je le sais, dit le ministre; mais je n'ai pu désobliger le général Coutard, qui m'a rendu des services à Rennes. Et Tison est en place! Rien n'est aussi préjudiciable à la société, que l'abus du crédit d'un homme. Si le général Coutard croyait avoir quelque reconnaissance à l'*agent Tison*, était-ce aux habitans de Paris à l'acquitter? Il fallait payer les services de cette mouche, et ne pas lui confier un emploi qui, entre ses mains, va devenir une mine de concussions de toute espèce. Tison, en petit comité de familiers, s'est vanté *de savoir plumer la poule sans la faire crier.*

———

BOUCHERON, commissaire de police du quartier des Quinze-Vingts, ( 8e. arrondissement). Cet homme est un vieux routier qui, en administration, est d'un aveuglement qui égale presque la cécité de certains malheureux de son arrondissement. Ces fonctionnaires ineptes, que devrait repousser l'administration supérieure, ne sont propres qu'à perpétuer les abus, les aberrations de tous genres; mais sans tous ces abus, sans le désordre qui règne, que deviendrait ce nombre prodigieux d'hommes inutiles, d'hommes incapables dont fourmille la société?

DEPRUD'HOMME, commissaire de police du quartier du Marais, (8e, arrondissement). Ce fonctionnaire n'a certainement pas la sagesse que semblait promettre son nom. Rien n'est capricieux et pourvu d'autant de lubies que ce commissaire, qui n'est pas plus craint des mauvais sujets qu'il n'est estimé des honnêtes gens.

Son secrétaire est un sieur Fleuriais, jeune frère d'un commissaire. C'est un homme de la balle......, Est-ce en faire l'éloge, ou appeler sur lui une opinion défavorable ? Le temps prouvera dans quelle catégorie on devra le ranger.

DUSSIEUX, commissaire de police du quartier Popincourt, (8e. arrondissement); homme bègue qui administre comme il parle, d'une négligence qui favorise puissamment les prostituées qui entourent sans cesse la caserne Popincourt, et qui infectent le militaire. Ce commissaire, qui se dit fort habile homme en matière de police, protége ouvertement, dans son quartier, des personnes que les honnêtes gens ne peuvent estimer ; et pourtant M. Dussieux en fait ses amis.

MONNIER, commissaire de police du faubourg Saint-Antoine, ( 8e. arrondissement ). Ce magistrat n'a pas la réputation d'un malhonnête homme; et c'est déjà beaucoup, mais ce n'est pas assez. M. Monnier a plus l'habitude que la science du métier qu'il fait; il administre *ab hoc* et *ab hac;* il laisse flotter trop négligemment les rênes du pouvoir qui lui est confié, et son incurie alimente les abus. On crie *haro* contre le peuple, mais il vaut souvent mieux que ceux qui doivent le sur- veiller, ceux chargés de lui donner des leçons. C'est le calomnier.

Le sieur P..., le secrétaire de M. Monnier, nage entre deux eaux; d'un côté il veut plaire à son patron, et de l'autre il se ménage la bienveil- lance de l'autorité supérieure. Cette petite tactique toute jésuitique peut le conduire à bon port.

DOSSOUVILLE, commissaire de police du quar- tier de l'Ile Saint-Louis, ( 9ᵉ. arrondissement ). Aujourd'hui, on n'en dit ni bien ni mal; mais on se rappelle qu'il fut agent de différentes factions. La place qu'il occupe en ce moment est peut-être la récompense des services qu'il a rendus dans d'autres temps. Son fils est chef de bureau des maisons garnies à la préfecture.

Fleuriais, ex-chef de bureau à la préfecture de police, et maintenant commissaire de police du quartier de la Cité, ( 9e arrondissement), le quartier où la canaille abonde le plus, où la surveillance du commissaire devrait être constamment en activité; mais où M. Fleuriais s'amuse plus qu'il ne travaille. Sans doute il faut à l'homme des délassemens; mais est-il convenable qu'un magistrat soit sans cesse au café? Et si M. Fleuriais doit y rechercher quelque récréation, est-ce loin de son quartier qu'il devrait choisir le sien? Allez quand vous voudrez au café qui fait le coin de la rue de Bourbon et de celle du Bac, et vous y trouverez le commissaire de police du quartier de la Cité; c'est-là qu'il était lorsqu'une fille frappa de plusieurs coups de couteau un homme qui était chez un marchand de vins voisin de l'habitation du commissaire de police: c'est à ce café si éloigné de son domicile, que M. Fleuriais se trouve avec des individus qui ne sont pas annotés très-honorablement dans les fastes de certaines époques de la révolution.

Fouqueret, commissaire de police du quartier de l'Arsenal, (9e. arrondissement). Il vaut mieux passer pour un homme insignifiant que pour un homme méchant; les administrés de ce fonctionnaire ne s'en plaignent point, mais ne s'en louent pas. Il a remplacé le sieur Bove, qui jadis était dans le quartier Poissonnière, où il ne réussit pas mieux que dans le quartier de l'Arsenal, quoiqu'il fût très-dévoué à certaines gens; et son dévouement ne l'a pas dispensé d'être mis à la réforme. C'est une leçon dont il est à souhaiter que M. Forqueret fasse son profit.

GAUME, commissaire de police du quartier de l'Hôtel-de-Ville, ( 9e. arrondissement ). Il débuta dans la carrière, et ne connaît point encore les ruses et les obligations du métier. C'est un ancien militaire. Il fut aide-de-camp de Pichegru. Quoiqu'il y ait de braves gens partout, on doit s'étonner de voir un guerrier transformé en commissaire de police. Si on veut procurer à la patrie de bons défenseurs, il ne faut point avilir les gens de guerre.

Au milieu des sentiers tortueux de la profession qu'exerce aujourd'hui M. Gaume, il a cependant conservé de la franchise d'un soldat; car on lui reproche, dans son administration, une obligeance qui fait l'éloge de sa délicatesse et de sa sensibilité. Au mépris de ses devoirs, il ne ferait rien pour soustraire un coquin à la punition qu'il mérite; mais il est empressé à servir un honnête homme que la malveillance et la haine veulent atteindre.

Le sieur Lehé, secrétaire du commissaire Gaume, est loin de marcher sur les traces de son patron. Cet employé est fort peu scrupuleux. Il sait braver le mépris et dissimuler toute espèce d'affronts. Il protège ouvertement les gens d'une immoralité bien connue, et nommément un sieur *Berger*, ex-claqueur dans les théâtres de la capitale, qui tient un bureau d'affaires rue Saint-Antoine, prometteur de places qu'on n'obtient jamais, quoiqu'on ait fait de grands sacrifices pour les avoir.

CHAUVIN, commissaire du quartier du Faubourg Saint-Germain, ( 10ᵉ. arrondissement ). Pour ses intérêts, ce fonctionnaire public a su caresser la manie des douairières de l'arrondissement; il est sans cesse à rappeler le respect qu'on doit à la noblesse, mais surtout à cette antique noblesse, si entichée dans les nombreux *quartiers* de ses parchemins qui attestent, à la vérité, qu'au 13ᵉ. siècle, Philippe-le-Bel anoblit ses ancêtres, mais qui, depuis ce temps, n'a rien fait pour ajouter à son illustration. M. Chauvin ayant toute la souplesse d'un courtisan, tout le mielleux d'un

*vilain* qui s'oublie, et toute l'hypocrisie d'un jé-
suite, doit nécessairement faire son chemin. Les
gens *comme il faut*, et qui ne sont pas toujours
comme il les faudrait, le pousseront ; mais il
faut qu'il se mette à plat-ventre devant leur sei-
gneurie.

COUTANS, commissaire de police dans le quartier de la Monnaie, ( 10e. arrondissement ). Ce
magistrat paraît avoir abdiqué ses fonctions en faveur d'une dame qui l'honore de l'affection la
plus tendre. C'est elle qui tient le sceptre du commissariat. M. Coutans a seulement la signature.

Cette dame, qu'une même administration réunit au commissaire, est une intrigante qui oblige
et dessert par commérage, et elle a une activité
qui ne se rebute de rien. Elle a dû être jeune ;
elle a dû être jolie. Sa coquetterie cherche encore à tirer parti d'un reste de fraîcheur et d'em-
bonpoint qu'elle veut dissimuler, en enfouissant
ses appas sous une cuirasse de baleines.

Le sieur Claye, adroit compère et secrétaire intelligent, prend galamment les ordres de l'adjoint
du commissaire Coutans. Madame donne à l'un
et à l'autre des ordres pour le service, et tous
deux s'empressent d'obéir.

GENAUDET, commissaire de police du quartier
Saint-Thomas-d'Aquin, ( 10ᵉ arrondissement ),
joue un rôle assez important auprès de la direction générale de police. Son crédit est tel, qu'il
a, pour ainsi dire, carte blanche; et en matière
de police, c'est avoir grandement le moyen de
les brouiller, tout en ne perdant point de vue
celle qui lui donne beau jeu. Ce commissaire,
auquel on ne saurait refuser de l'intelligence, du
tact, du talent, a tellement d'audace et de présomption, qu'il impose à tout ce qui l'entoure,
même à ceux qui, d'un seul mot, pourraient le
remettre à sa place. Dans les réunions les plus
importantes à la préfecture de police, son ton
tranchant réduit au silence la plupart des autres commissaires; et le préfet a tant de déférence pour ses avis, qu'il les adopte assez généralement.

A l'époque du sacre, il fut placé à la tête de
l'escouade des commissaires de police qui furent à Reims, des officiers de paix, et de toute la
suite de la rue de Jérusalem. Il commandait en
chef et ne rendait compte qu'au ministre; aussi
cette haute faveur, en excitant l'envie de ses collègues, lui aliéna leur affection. C'est le sieur Genaudet qui forma l'état des indemnités que reçu-
rent tous ces furets de police, et d'après lequel les

commissaires de police eurent 1,000 francs, les officiers de paix 500 francs, et les agens de paix 250 francs. Quant à lui, il eut à peu près tout ce qu'il voulut avoir, indépendamment de l'espoir de son avancement; et il doit aller loin, si, pour lui, le flambeau de la faveur ne s'éteint pas.

Le sieur Allard, secrétaire du commissaire Genaudet, garçon fort intelligent, seconde trop bien les vues de son patron, pour qu'un des rayons de la faveur de celui-ci n'atteigne point ce serviteur fidèle et dévoué. Le sieur Allard joue aussi l'homme d'importance; et à mesure que son maître se gonflera du vent de la prospérité, il montera aussi sur des échasses.

LESAGE, commissaire de police du quartier des Invalides, ( 10e. arrondissement). Ce fonctionnaire ne tient pas beaucoup à résider dans son arrondissement; il préfère le quartier du Palais-Royal, et il est plus souvent au café de la Régence, qu'à son bureau. Chaque soir on est certain de l'y trouver buvant de la bière avec le chef de la police centrale, et un sieur *Treveret* attaché à la direction de la police générale. C'est-là qu'en lisant les journaux, ces messieurs, au lieu d'étudier chez eux les loix de la police, règlent les intérêts de l'État; et leurs commentaires, faits assez

souvent d'un ton très-élevé, déplaisent fort aux
joueurs d'échec; mais en hommes prudens, ceux-
ci se taisent, car si, comme le dit Molière, il ne
faut pas se brouiller avec la justice, il faut bien se
garder aussi de se mettre mal avec la police, qui,
dans un moment d'humeur, peut faire *échec-et-
mat* ceux qui lui déplaisent.

———

MONYER, commissaire de police du quartier
du palais de Justice, ( 11e. arondissement ). Ce
magistrat se sent de l'influence du quartier qu'il
habite. Voisin du temple de Thémis, toutes ses
actions sont empreintes de la plus grande équité;
aussi est-il adjoint au commissaire, chef de la
police centrale, et, sous ce rapport, chargé des
exécutions les plus importantes.

Si l'on pouvait faire une école de police,
M. Monyer pourrait en être le directeur, car personne ne connaît mieux que lui la *science de la
police*. Il était digne de vivre sous les de *Sartine*
et les *Lenoir*. Au surplus, c'est un parfait honnête homme, l'effroi des coquins; car il a un
coup-d'œil qui sait se faire jour à travers toutes
les ruses du crime et de l'effronterie.

Le secrétaire du sieur Monyer, le sieur.....
connaît bien ses devoirs et ne s'en écarte pas.

PRUNIER, commissaire de police du quartier du Luxembourg, ( 11e. arrondissement ). Ce magistrat essaye ses forces, car il est tout nouvellement dans la partie. Il tâte, il observe; plus tard il agira. Il a succédé à un sieur *Rousset*, qui avait la mauvaise habitude, en déjeûnant avec ses amis, de leur rendre compte des mesures de police dont il était chargé. Ces tendres épanchemens l'ont fait mettre à la réforme, ainsi que quelques exactions dont la connaissance était parvenue dans le cabinet du préfet de police, sur les ailes de l'indiscrétion.

Le sieur Cantatombe, secrétaire du commissaire du quartier, s'il tire son épingle du jeu, c'est avec beaucoup de modération. On ne saurait trop lui en vouloir, car enfin il est des bénéfices honnêtes qu'un galant homme ne saurait repousser sans cesse.

----

LEGOY, commissaire de police du quartier de l'Observatoire, ( 12e. arrondissement ), d'un physique repoussant et toujours d'humeur revêche; jouant le despote dans son bureau où jamais il n'arrive qu'en grondant, et affublé d'un bonnet de coton dont la malpropreté ne contraste nullement avec le ton de sa peau. Ce magistrat qui, s'il osait, se dirait une des plus fines mouches de la police, n'est pas doué d'une grande intelligence. On se méprendrait fort si on lui croyait de l'esprit, quoiqu'il le dise; et c'est ce qui prouve qu'il n'en a point. Cependant il a des partisans qui vantent son habileté, sa pénétration ; mais Boileau a dit :

Un sot trouve toujours un plus sot qui l'admire.

Legoy a de la suffisance, quelquefois de l'adresse, toujours de la morgue lorsqu'il traite avec quelqu'un d'une classe inférieure ; mais mendiant et rampant en présence de ses supérieurs ou d'un homme de haute considération. Ni lui ni son secrétaire ne sont capables de faire un rapport important : l'un et l'autre ont la triture des affaires qui arrivent dans leur bureau ; mais il y a, à l'administration de la police, une foule de simples employés, dont le moins important est fort au-dessus du commissaire Legoy et de son clerc.

MARRIGUES, commissaire de police du quartier St-Jacques, (12e. arrrondissement). C'est l'homme par excellence pour le fin du métier. Tant vaut l'homme, tant vaut la place. Voulez-vous obtenir une faveur quelconque de M. le commissaire ;

son extrême obligeance est à vos ordres; mais en donnant, donnant. Ses services sont en régie, et chacun sait ce qu'il a à payer au commissaire. Tant pour telle infraction, tant pour telle autre, et les marchands de vins, de volailles, les frippiers, les détaillans de toute espèce, tous connaissent leur affaire et le prix de leur abonnement. Le marchand de vin au coin de la rue de la Bûcherie, ne connaissant pas les usages de la place, a été dernièrement mis à une forte amende; mais il est affranchi de ces désagrémens, depuis qu'il a expédié, rue de Bièvre, où loge le commissaire de police, quelques paniers de vins cachetés. Il règne un tel ordre dans cet arrondissement, qu'au premier de l'an, il y a un commissionnaire en titre, exclusivement chargé de porter les offrandes à M. le commissaire de police.

Le secrétaire du commissaire, quoiqu'il ait la vue basse, voit tout cela d'un bon œil; il a aussi sa petite clientèle, et *donner* est ici le mot d'ordre pour le clerc comme pour le patron.

MARTINET, commissaire de police du quartier du Jardin du Roi, ( 12e arrondissement ), est un assez brave homme, doué parfois d'un peu trop de complaisance ; et cette douceur d'esprit, on pourrait peut-être l'attribuer au voisin de l'entrepôt

des vins , cet immense bazar des produits de Bacchus , d'où le fils de Jupiter et Sémélé jette un
regard de bienveillance sur le magistrat qui
semble protéger les disciples du dieu des pressoirs.

Le secrétaire du commissaire de police cède à
ce doux exemple , il imite la bonté de son maître ;
et il est des bontés qui excitent une reconnaissance
productive.

———

DUVAL DE LA NEUVILLE, Commissaire de Police
du quartier de l'École de Médecine , (11ᵉ arrondissement);

ROCHE, Commissaire de Police du quartier de
la Sorbonne, ( 11ᵉ arrondissement);

ROGER, Commissaire de Police du quartier Saint-
Marcel , ( 12ᵉ arrondissement );

N'avoir rien à dire de ces trois Commissaires de
Police, c'est en faire l'éloge, et c'est donner aux
administrés des autres arrondissemens l'envie
d'être aussi heureusement partagés.

FIN DE LA BIOGRAPHIE DES COMMISSAIRES DE POLICE.

# PRÉFACE.

L'ESPIONNAGE est l'instrument dont se sert
le Gouvernement pour connaître les secrets
de la Société; avec d'adroits agens de police, le préfet de cette administration, sans
sortir de son cabinet, a l'œil sur tout; il
voit tout, il entend tout, pénètre mystérieusement chez vous, sait votre opinion,
connaît vos goûts, votre fortune, le secret
des familles et des liaisons; enfin il sait se

faire jour partout, et sa police justifie, sans réplique, le proverbe qui dit que *les murs ont des oreilles*.

Sur le premier plan du tableau de l'espionnage figurent les officiers de paix, dont, à la rigueur, on pourrait très-facilement se passer, car ils ne sont, à proprement parler, que des intermédiaires entre le préfet et les agens de police auxquels ils remettent des notes, et sur les renseignemens desquelles ils édifient leurs rapports à l'autorité, s'appropriant le succès heureux des affaires, et rejetant sur leurs subalternes l'odieux, ou la non-réussite des opérations manquées.

Tous les jours, les limiers de la police se répartissent dans la capitale. En battant le pavé de Paris, ils chassent et par monts et par vaux, flairent sans cesse et dépistent de mal-adroits fripons dont, peut-être, ils furent jadis les amis. Dans leurs aguets, ces espions conservent toutefois leurs attributions ; les uns ont la tranquillité des rues, la sûreté publique et les mœurs ; d'autres sont chargés de la politique ; adroits lévriers qui savent, sans qu'on s'en doute autour d'eux, faire lever le lièvre de l'opinion publique, et placer partout, chez les étrangers comme chez les habitans, des espèces de sentinelles perdues, espionnant de tous côtés, amis, parens, et maîtres, ne respectant rien, ni la confiance ni l'amitié.

Napoléon, qui voulut donner une sorte de considération aux officiers de paix, les affubla d'une espèce de costume brodé, qui tenait du militaire et du civil. On re-

connut bientôt l'abus de cet habit dis-
tinctif qui n'attirait aucune considération
sur ceux qui le portaient, qui, en faisant
connaître de suite les agens de la police,
empêchait souvent qu'elle n'atteignît son
but. Les habits brodés furent donc suppri-
més, et les officiers de paix, dépouillés de
leurs riches vêtemens, se perdirent de nouveau dans la foule, agissant dans l'ombre,
et regrettant peu cette prétendue considération qui conduisait tout le monde à
les éviter dès qu'on les apercevait.

Aujourd'hui, sans avoir un costume particulier, on peut encore assez facilement
reconnaître les officiers de paix, les
hommes de la police en général. Lorsque
deux personnes honnêtes se parlent à l'o-
reille, et qu'il en survient une troisième
d'assez mauvaise tournure, à l'œil sour-

nois et inquiet, ayant presque toujours à
la main une forte canne de jonc, méfiez-
vous-en : c'est un mouchard ! Le colonel
de ce régiment de furets devrait proscrire
à ses soldats l'usage de la canne, au risque
de les voir exposés à recevoir un plus grand
nombre de touchantes marques de la gra-
titude publique.

La principale attribution des officiers
de paix est d'accompagner les commissaires de police lorsqu'il s'agit de pénétrer
dans le domicile de quelqu'un qu'on veut
arrêter, ou chez lequel on a des perquisi-
tions à faire. Parmi ces officiers de paix,
qui ne sont réellement que des agens de
police de 1re classe, il y en a de très-
adroits, de fort habiles pour savoir grossir
leurs revenus en ajoutant à leurs appointemens, qui sont déjà assez élevés, par

des mémoires de dépenses et de frais extraordinaires dont ils obtiennent assez facilement le remboursement. C'est la bouteille à l'encre de la place. Elle existe partout et pour tous, cette bouteille chérie, et cela depuis le garçon de bureau jusqu'au ministre. Il n'y a de différence que dans la capacité.

Sur le nombre des officiers de paix, il n'y en a guère que cinq à six, sur la délicatesse desquels on puisse compter. Ces hommes-là sont très-rares. Peu de braves gens se soucient de suivre une carrière si repoussante, où le plus honnête, quelque bien qu'il fasse, ne peut jouir de l'estime publique.

Quelqu'un se plaignait à un ministre de la police, que la majeure partie des agens de son administration étaient des hommes tarés , qui avaient passé par tous les degrés de la débauche. — Eh ! dit le ministre , trouvez-moi des honnêtes gens qui veulent faire le métier d'espion? je les employerai bien préférablement.

# BIOGRAPHIE

### DES

## OFFICIERS DE PAIX

### DE

## LA VILLE DE PARIS.

---

BACAFFE, officier de paix, est un des nombreux inutiles dont la police fourmille. Il porte la décoration de Saint-Louis ; il a, dit-on, servi la cause des Royalistes. S'il a déployé, dans les camps, les talens qu'il montre en administration, il a peu contribué aux succès des armées royales ; mais, dans le vaste champ de l'intrigue, il faut souvent peu de mérite pour faire son chemin ; aussi le sieur Bacaffe a-t-il trouvé le moyen de trafiquer sur les avantages de son emploi. Il en a besoin pour ra-

lentir les poursuites des huissiers, qui le recher-
chent pour dettes : il protége ouvertement les chevaliers d'industrie, et particulièrement un nommé
d'*Enguien*, qu'il était chargé d'arrêter, mais qu'il
n'arrêta pas. C'est son ami.

Cet officier de paix, d'un autre côté, ne donne
pas l'exemple des vertus domestiques, car, quoique marié, il a ostensiblement des rapports très-
intimes avec une dame, qui, lorsqu'il est de service à la préfecture, vient charmer les ennuis du
poste. Il fit destituer l'inspecteur *Fontaine*, qu'il
soupçonnait lui avoir joué un mauvais tour auprès de cette douce et clandestine amie. Auprès
de l'administration, il supposa à *Fontaine* des
torts qu'il n'avait pas. Celui-ci perdit sa place. Bacaffe avait des torts bien constans, et il est resté
en place.

BAUMES. Lorsqu'on emploiera des hommes
d'une incapacité aussi évidente que celle du sieur
Baumes, on ne doit pas s'étonner si la police
laisse tant à désirer pour le bon ordre. Sous de
tels officiers de paix, les abus se multiplieront à
l'infini. Les agens que le sieur Baumes a sous ses
ordres, rient hautement de son inexpérience, et
notamment le nommé *Schneider*, l'agent le plus
madré pour faire contribuer les malheureux éta-

leurs des rues, sous le prétexte qu'ils contrevien-
nent aux réglemens de police.

Ce Schneider s'associa, il y a quelque temps,
au nommé *S....*, tailleur, rue de Seine, pour
dénoncer le général Hubert et son aide-de-camp,
comme vendant des emplois. La fourberie, si sot-
tement ourdie, fut découverte et déjouée. Ces
deux honnêtes calomniateurs, pour prix du service qu'ils voulaient rendre au général Hubert et
à son aide-de-camp, demandaient des emplois au
ministre de la guerre. Quelle impudence ! comme
le dit énergiquement Figaro. Est-ce que vingt
coups de bâton, bien nerveusement appliqués sur
la moële épinière de MM. Schneider et *S....*,
n'étaient pas le salaire que le ministre de la guerre
aurait dû leur faire allouer?

CARTEAUX. Cet officier de paix ne connaît que
la routine du métier qu'il fait, quoiqu'il soit
élève du commissaire de police *Fleuriais*, dont
il fut le secrétaire. Carteaux est sans talent; mais
il a de l'audace, mais il est heureux : il fera son
chemin. Il y a des grâces d'état pour tout le
monde. On le voit assez souvent diriger ses pas
du côté de la cuisine d'une excellence du jour.
De qui pourrait-il être le commensal? des valets
de monseigneur, sans doute. Qu'est-ce que cela

lui fait! les laquais sont les espions de leurs maîtres ; et de certains officiers de paix à espions, il
n'y a que la main. Touchez-là, Frontin : touchez-là, Carteaux.

DAVID, avec des talens plus que médiocres,
de simple inspecteur est devenu officier de paix.
Mais, à la police surtout, avec de l'audace et de
la présomption, on arrive ; et c'est ainsi que David
a su renverser toutes les barrières qui se seraient
opposées à son avancement. C'est lui qui a la police de toutes les voitures publiques qui roulent
dans Paris ; ce qui met, sous sa surveillance, plus
de cinq mille individus, bêtes et gens. Ainsi il ne
s'écrase pas un malheureux piéton, que l'officier
de paix David n'en soit aussitôt informé, et qu'il
n'apporte, dans cette affaire, une importance ridicule, qui serait toujours risible, si la cause
n'en était affligeante. Mais cette morgue, ce ton
tranchant fait bientôt place à la plus gracieuse affabilité, lorsqu'à table, entouré par les propriétaires des voitures, à la fin d'un banquet, dont la
la carte à payer n'arrive jamais jusqu'à lui, on lui
passe avec dextérité un de ces doux billets, qui ne
sont à l'adresse de personne, que tout le monde
reçoit avec plaisir, et que la banque de France

échange contre le signe représentatif à l'effigie du prince.

L'année dernière, le sieur David a perdu, sans retour, la réputation d'homme bon qu'il s'était acquise en transigeant volontiers avec ses devoirs; l'affaire des malheureux chiens de la ville de Paris a ameuté contre lui toute la gente canine; dogues et roquets, carlins et bichons, épagneuls et lévriers, tous ont été aux abois; et l'ordonnance de police, qui a déclaré la guerre à tous les chiens de la capitale, a placé, rue Guénégaud, sous la surveillance du sieur David, le lieu de l'exécution des hautes œuvres. C'est-là qu'on assommait, sans pitié, ces intelligens et fidèles amis de l'homme, dont le sang innocent a plus d'une fois rejailli sur leurs bourreaux. Qu'avaient donc fait ces malheureux quadrupèdes? ils erraient par les plus grandes chaleurs, et pouvaient devenir malades. Fallait-il pour cela, sans pitié, renouveler le massacre des Innocens! Ne peut-on prévenir un mal, un danger, sans commettre un crime? Que de bons Parisiens ont pleuré la perte, l'assassinat de leurs affidés Médors ou de leurs caressantes Finettes! Mais toutes ces horreurs ne s'exercèrent pas au déplaisir de tout le monde, car le sieur David avec toute la bande d'agens, et les chiffonniers comme auxiliaires de police, étaient assez bien rétribués pour exécuter la cruelle ordonnance du préfet.

L'officier de paix David ambitionna plusieurs genres de gloire; et du théâtre de la rue Guénégaud, il s'est élancé, comme un acrobate, jusqu'à celui de l'Ambigu-Comique, où, faisant à compte à demi avec un sieur Lamarque, autre agent de police, ils sont parvenus, par un tour de faveur, à faire représenter un mélodrame que le public a eu l'incivilité d'accueillir par de nombreux sifflets.

DEBLEARRE. Avant d'être officier de paix, fut garde-du-corps; mais précédemment il avait été douanier; enfin, aujourd'hui, il est employé à la préfecture de police, et placé sous les ordres immédiats du commissaire central. Nulle part il n'a donné la mesure d'une intelligence remarquable. On l'a placé à la tête de quinze à seize agens de police, qui arrêtent ou n'arrêtent pas, suivant que les délinquans, ou ceux que l'on veut trouver en faute, sont empressés de faire résonner l'or corrupteur. Alors ces messieurs s'humanisent, et tout est bien. Beaucoup de prostituées trouvent des protecteurs parmi ces *honnêtes* agens, qui ne se font aucun scrupule de partager, avec ces femmes éhontées, le produit du trafic de leur dés-

honneur. Mais le sieur *Deblearre* sait faire autrement ressource; il emprunte à ses inspecteurs,
et il est tellement occupé, qu'il oublie de rendre.
C'est ce qui lui est tout récemment arrivé auprès
d'un contrôleur du théâtre de la Porte St.-Mar-
tin, qui fut obligé de lui rappeler plusieurs fois
qu'il avait été assez heureux pour obliger M. l'officier de paix. Quel honneur!...

DELACOUR, officier de paix. Encore un ancien
militaire, et un militaire décoré, qui ose se glisser
dans les rangs de la police. De quel œil ses anciens camarades le verraient-ils sous ces nouveaux
drapeaux, où il faudra qu'il change de ton et de
manières? A la franchise d'un soldat doit succéder,
sinon l'hypocrisie, du moins la dissimulation;
autrefois M. *Delacour* allait droit à l'ennemi :
aujourd'hui ce n'est plus cela ; changement de
tactique. Dans le régiment de la police, on ne va
pas toujours droit son chemin, parce qu'il est
souvent défendu d'attaquer son homme en face.
Le nouvel officier de paix, M. *Delacour*, fait son
surnumérariat auprès des agens qui l'entourent et
qui lui révèlent les secrets du métier. Celui dont
il reçoit l'instruction la plus familière fut cor-
donnier, et conséquemment propre, plus que qui
que ce soit, à le familiariser avec la *Forme*.

L'officier de paix, *Delacour*, remplace l'officier de paix *Fondvielle*, qui, pour jouer pièces à ses nombreux créanciers, est allé bâtir des châteaux en Espagne, pour éviter d'être logé à Sainte-Pélagie, où pourtant il aurait eu le plaisir de voir quelques personnes qu'il avait accompagnées dans cette silencieuse résidence.

DEMAMONNIER. Il n'existe peut-être pas d'homme plus sot et plus orgueilleux que cet officier de paix, qui ne sait ni parler ni écrire le français. Nul individu ne fatigue plus insolemment la terre du poids de son existence. Et pourtant il est décoré de la croix de Saint-Louis!

Il a perdu de sa considération depuis le renvoi honteux de l'agent de police *Doudigny*, qui était son ami intime, et dans la bourse duquel l'officier de paix, *Demamonnier*, puisait assez familièrement.

DUGUÉ, officier de paix, chargé de la surveillance de la bourse. On épouse assez volontiers les goûts et l'esprit des gens qu'on fréquente le plus; aussi M. Dugué s'est-il mis à jouer à la hausse et à la baisse; mais il n'a pas été heureux au jeu; encore s'il n'avait hasardé que le sien, le mal ne serait pas grand. Un soir, du haut de l'Observa-

toire, quelqu'un a cru apercevoir un petit trou à
la lune, et on accuse M. Dugué d'être l'auteur
de cette ouverture, qu'on pourrait faire disparaître avec 40 ou 45,000 francs. C'est peu de chose;
mais lorsqu'on ne les a pas, c'est beaucoup. Que
fit le défaillant Dugué? ce qu'ont fait beaucoup de
gens qu'il a pris pour modèles; il s'est absenté
quelque temps; après cela, il a arrangé ses affaires,
et c'est la meilleure qu'il ait jamais faite. Son administration lui a pardonné; et comme bien d'autres, s'il peut encore faillir une fois ou deux, le
*pauvre diable* se retirera avec 10 ou 12,000 francs
de rentes.

DUGUET. Honneur au vétéran de l'ordre! Considération pour le Nestor de tous les officiers de
paix de la capitale! Le bonhomme Duguet est encore un de ceux que la disgrâce du comte Anglès
n'a point entraîné avec lui. Ce vieux renard a le
flaire fin, et il a su, avec adresse, se faire distin-
guer favorablement par le préfet actuel. On assure
qu'il a fait des révélations qui lui ont été fort
utiles pour sa conservation.

Il y a, dans chaque administration suprême,
dont les premiers administrateurs se renouvellent
assez fréquemment, de ces vieux employés, espions nés de la place, faisant partie du mobilier

du ministère, et qui, se dévouant servilement au
service du nouveau maître, lui apprennent, sans
nuls égards, sans aucune espèce de souvenir honnête, tout ce qui peut nuire aux autres employés.

Le vieux Duguet, blanchi sous le harnais, entend à merveille ce petit manège de perfidie.

Cet antique champion de la police a la surveillance de tous les étrangers qui arrivent à Paris, et
qui y résident quelque temps. Il est encore souple
comme au jeune âge, et s'introduit chez les gens
avec l'adresse d'un furet. Véritable Prothée, il
prend, suivant l'occasion mille formes différentes, et sait se travestir de manière à tromper les
yeux les plus fins. Plus d'une fois, à l'aide d'un
riche habit à la française, il s'est trouvé au milieu des plus brillans cercles. Au besoin, endos-
sant la casaque de Frontin, il accompagne un ministre ou son préfet; et, la serviette sous le bras,
il sert à table, dans un banquet nombreux où une
oreille exercée recueille une foule de mots avec
lesquels un homme adroit sait faire croire à beaucoup de choses.

L'officier de paix Duguet a sous ses ordres
trois satellites inspecteurs, avec lesquels il exerce
la surveillance sur l'Opéra. Par lui, l'administration supérieure connaît tous les vols qui se font

un jour d'Opéra, le motif des cabales et les mots indiscrets échappés à deux amis causant un peu trop près d'un inspecteur de police. Par lui, elle sait aussi les raccommodemens, les infidélités, les perfidies, le nom des grands qui ont seulement des petites loges, le nom de ceux qui entretiennent des dames à l'année, et celui des actrices et des danseuses, avec la quotité du prix qu'elles attachent à leurs faveurs.

Il n'est pas un agent de change, pas un habitué de la bourse qui ne connaisse fort bien l'officier de paix Duguet. Il furette, il guette à la bourse; il écoute, il recueille, il interprète; et avec ces petits matériaux saisis au vol, il fait d'assez longs rapports.

FOUVIELLE. C'est l'officier de paix le plus propre à fomenter un mouvement séditieux; et dans l'affaire du député Manuel, il a donné toute la mesure de ces dispositions pacifiques. Il est connu, dans son administration, pour les moyens acerbes et violens. Lors de cette affaire, il excitait, de tous côtés, la gendarmerie à charger sur la jeunesse. Heureusement on a pu comprimer la fougue impétueuse de cet agent révolutionnaire. Il faut que les services qu'il rend ne soient pas toujours récompensés en raison de ses besoins, car

cet agent si dévoué, si exaspéré, doit à peu près
une centaine de mille francs, pour l'acquit desquels ses créanciers ont l'incivilité de chercher à
l'envoyer à Sainte-Pélagie ; et s'il y avait une nouvelle occasion de signaler son zèle dans une insur-
rection, on doute qu'il eût l'impudence de se
montrer.

GROSSE-TÊTE. Voilà le Tartuffe bien caracté-
risé des officiers de paix ! Sous des dehors de piété,
affectant des sentimens religieux, cet homme,
sans avoir cependant le teint pâle, les regards
baissés et la maigreur qu'annoncent l'abstinence et
la mortification, déguise l'âme la plus hypocrite,
et porte tous ses coups dans l'ombre. A toute la
noirceur de sa perfidie il joint l'ignorance la plus
crasse ; et chacun de ses rapports, à l'administration de la police, en présente la preuve la moins
irréfragable.

Grosse-Tête n'est parvenu à l'emploi qu'il occupe qu'à force de bassesses et de calomnies ; et
un sieur *Pioget*, qui fut son successeur, fut une
de ses victimes : il le dénonça. *Dénoncer* est le
grand moteur de la profession.

Ce faux dévot sait faire............ de dé-
votion métier et marchandise.

GULLAND. Cet officier de paix, vrai pourceau
d'Epicure, ne vit que pour boire, manger et dor-
mir. On le cite comme un des hommes les plus
fourbes et les plus menteurs; et malgré sa faus-
seté bien notoire, il reste en place.

Après avoir été employé, dans les contributions, à Charleville et à Châteauroux, où il connut M. de Sallabury, il vint à Paris en 1815, et
parvint à être agent secret de l'inspecteur-général
Foudras. Gulland, admis chez M. de Sallabury,
reconnaissait sa bienveillance en faisant des rapports contre lui; il trouva aussi moyen d'être employé à la police militaire, sous le comte Defrance. Il y était désigné sous le nom d'*Evariste*,
et bâtissait, sans sortir de chez lui, des rapports
qu'on lui payait à raison de 150 francs par
mois. On découvrit cette gentillesse qui le fit
éconduire de la police militaire. C'est à M. de
Sallabury, qui ne se doutait pas des services que
son protégé Gulland lui rendait, qu'il dut sa place
d'officier de paix.

Indépendamment de ces fonctions, le sieur
Gulland loge en garni et donne à manger à des
élèves en droit, qui sont commensaux de la femme
et de la maîtresse de M. l'officier de paix.

L'administration du Mont-de-Piété lui donna
500 francs dernièrement, pour avoir découvert,

par le moyen de ses agens, de frauduleux prêteurs sur gages. Il donna 10 francs aux agens
qui se plaignirent, et furent éconduits.

Le sieur Gulland a, pour agent affidé, le sieur
*Charles Deury*, ex-garçon vitrier à Bourges, soit-
disant homme de lettres, auteur de l'*Ecolier de
Brienne*, tissu de mensonges et d'invraisemblan-
ces, qu'on attribua à M. F. de B., parce qu'il
avait été le camarade et l'ami de Bonaparte, avec
lequel il s'était brouillé.

LANDAY est le type, le prototype des officiers
de paix les moins capables. Arrivé à cette place,
sans trop s'en douter, il la remplit sans savoir
comment ; il reçoit des notes, les remet à ses
agens; le travail se fait bien ou mal, peu lui importe. La fin du mois arrive; on émarge l'état
des appointemens; l'argent arrive, on le palpe; et
le mois suivant on recommence. Certes, voilà des
émolumens bien loyalement gagnés ! Il vaut encore bien mieux être nul, que méchant et fourbe.

LEVASSEUR. Cet officier de paix, qu'on croirait
doué de beaucoup de modestie, n'est réellement
qu'un ignorant. C'est, dit-on, le gendre d'un général. Quel honneur pour la famille! S'il n'est
pas aimé par ses subalternes, il sait au moins se

faire craindre. A la moindre peccadille, on est menacé de destitution.

M. Levasseur est décoré. A quel titre? nous l'ignorons. Où désormais ne trouvera-t-on pas des cordons? nous ne disons pas des dignités.

Marlot, officier de paix, infatué d'un mérite qu'il n'eut et qu'il n'aura en aucun temps, mauvais singe grimaçant sans cesse l'important, monté sur des échasses pour arriver à une considération qu'il n'atteindra jamais. Jadis gardien de la prison de Marseille, il a souvent le ton et toujours l'urbanité de *Jacques Verrou*, du déserteur.

Avant d'être officier de paix, le sieur Marlot était simple copiste dans les bureaux de l'inspecteur-général Foudras, qui, en cette qualité, l'envoya à Bruxelles pour écouter aux portes; et s'il y fit peu de chose dans l'intérêt de son administration, il trouva fort bien le moyen d'y faire de bonnes affaires; car, à son retour de la Belgique, il se meubla avec assez d'élégance.

Après la chute du comte Anglès, il trouva le moyen de résister à l'orage qui entraîna aussi la perte de nombre d'hommes de la police, et il dut sa conservation à des notes qu'il avait sur une foule de choses. Pour se perpétuer, il travailla sur de nouveaux erremens ; il fit des rapports sur tout ce qui lui passait par la tête. Malheur à celui qui lui déplaisait, qui le heurtait en passant. Personne n'a, comme lui, cette douce tendance à dénoncer, à tort et à travers, amis, parens, collègues, le premier venu qu'on lui signale : rien n'échappe au zèle de cet ardent délateur, qui, au besoin, accuserait la nature entière par amour de son état.

Le sieur Marlot a, dans ses attributions, la surveillance du palais du duc d'Orléans et de toutes les maisons de jeux; et 1,200 francs par mois, qu'il reçoit de l'administration *Chalabre*, entretiennent la cécité de l'honnête et délicat officier de paix.

Un des principaux agens de Marlot est le sieur *Bernard*, ex-officier de paix, homme à moyens, mais ivrogne. Le nommé *Ducré*, agent de police qui a essayé ses forces en qualité de domestique de l'inspecteur-général Foudras, est le bras droit de Marlot, adroit compère, qui, se rappelant son premier métier, monte lestement sur la voiture de celui dont il veut connaître les démarches.

Mais celui qui a tous les honneurs de l'intimité de M. l'officier de paix Marlot, est le sieur *Déché*, qui fait la police en amateur. *Oreste* et *Pilade* n'étaient pas plus unis; et quand *Oreste-*

*Marlot* a besoin d'argent ou de provisions colo-
niales et de bois et de vins, c'est *Pilade-Déché*
qui bat monnaie et qui va aux provisions. Comme
il fait tous les métiers, il entend à merveille celui de lever des contributions. Ce Déché, qui figure dans un corps franc levé, en 1814, par le
graveur *Simon*, comme copiste chez le quartier-
maître de ce corps franc, plaça son nom parmi
ceux qui obtinrent la décoration ; et Déché porte
aujourd'hui le signe de l'honneur.

MARUT-DUVARIN. Cet officier de paix a l'honneur de tenir les archives de la débauche et du
libertinage, et il les tient avec une influence de
style qui atteste bien la plus chétive éducation.
Toutes les prostituées de la capitale sont enregistrées dans son bureau, et c'est devant lui que
sont appelées ou amenées les maîtresses de maison, les appareilleuses enfin. Il les réprimande
ou les renvoye à la petite Force, suivant la gra-
vité du cas.

L'emploi de M. Duvarin est entouré de séduc-
tions. Plusieurs officiers de paix, n'ayant pu y
résister, en ont été éliminés. Ce poste favorable
aux plaisirs

«Ouvre un champ sans limite *à leurs* vastes désirs.

Le moyen de résister sans cesse à de beaux yeux bien supplians, et d'éviter des piéges entourés de fleurs? Parmi cet essaim nombreux de complaisantes personnes, vouées au culte de Vénus, il s'en trouve de bien séduisantes, dangereusement attrayantes; et, à moins d'avoir un cœur de Tigre, on ne peut les voir répandre des larmes sans être doucement ému. De l'attendrissement à l'indulgence, au pardon, il n'y a qu'un pas; l'officier de paix oublie ses devoirs, et la beauté triomphe.

M. Marut-Duvarin, quoique tirant fort sur le grison, sourit encore à de douces cajoleries; et sous les glaces de l'âge, il a conservé quelques étincelles du feu sacré. Les dangereuses Syrènes, dont il est constamment entouré, pourraient bien un jour l'attirer dans leurs lacs. Qu'il y prenne garde, et pour la conservation de sa place et pour celle de sa santé !

Cet officier de police porte la croix de Saint-Louis: digne récompense, dit-on, de ses services aux armées royales. En voyant des hommes de la police ainsi décorés, on se demande si le corps des espions a aussi ses grands hommes, ses héros. La chronique scandaleuse, cette femelle indiscrète prétend que M. Marut a reçu, sans les employer, des fonds destinés à recruter des soldats qui n'ont jamais été sous les drapeaux. Eh bien !

mauvaise langue! la cause n'en a pas moins triom-
phé; et M. Duvarin a épargné l'effusion du sang.

OREILLY. Honneur à la faveur ! Sans la protection d'un grand, aurait-on jamais pensé à faire
un officier de paix du sieur Oreilly, qui, pourtant, malgré sa profonde ignorance, se croit un
personnage important.

PALAITRE. Cet officier de paix est un débutant
sur le théâtre de la police; il n'a que des dispositions. Ce n'est point encore un talent fait; mais
il a, pour piédestal, un nommé *Travers*, artiste
très-distingué, et sur les traces duquel il serait
peut-être dangereux que son élève marchât trop
aveuglément. Ce Travers, secrétaire du sieur Palaitre, fut long-temps attaché à la police, au bureau de l'attribution des femmes, sous un nommé
*Pascal*, accusé de vendre son crédit; et dans
cette affaire, Travers, tout en ne ménageant point
son patron, fut, comme lui, renvoyé. Mais le
besoin qu'a toujours la police d'avoir des hommes qui ne savent rougir de rien, fit réintégrer
Travers, et on le plaça auprès de l'officier de paix
*Jacob*, dont il devint le Benjamin d'affection,
mais qu'il dénonça néanmoins comme trafiquant

de ses fonctions, spéculation qui lui était aussi familière qu'à Jacob. Aussi tous deux furent arrêtés et renvoyés.

L'administration ayant mis en balance les dénonciations de Travers et ses sottises, il y eut compensation en sa faveur, et il fut encore réemployé. Voilà comme on fait son chemin dans la carrière de la police !

PINGER. Après avoir été le domestique de Laroche-Jacquelin, est devenu officier de paix. Ce n'est pas un méchant homme; mais il est sans nul savoir, sans aucun talent pour la place qu'il occupe, d'ailleurs sans prétentions : ce qui n'est pas toujours le propre de l'ignorance. Qu'on eût récompensé le dévouement, les services du valet de M. de Laroche-Jacquelin, en le plaçant auprès d'un autre maître, c'eût été fort bien; mais, d'un domestique en faire un officier de paix! c'est fort mal. C'est peut-être à cause de ses anciennes occupations, que le sieur *Pinger* circule assez fréquemment dans les antichambres des Tuileries. Lorsqu'il rencontre quelques écouteurs complaisans, il faut l'entendre parler des guerres de la Vendée, des dangers qu'il y a courus..... en se sauvant. Il est étonnant qu'il ne soit point décoré.

SEQUENOT. L'attribution des femmes apparte-
nait jadis à cet officier de paix; mais accusé par
un nommé *Cliche*, un mauvais sujet, d'avoir
reçu des cadeaux, sans qu'on puisse lui prouver,
on l'a néanmoins dépossédé de son office. Il est
employé dans la maison de sûreté. Il n'y a ni
bien ni mal à en dire, et c'est presque en faire
l'éloge.

BASSERELLE, précédemment secrétaire de M. De-
raste, commissaire de police

FIN DE LA BIOGRAPHIE DES OFFICIERS DE PAIX.

# ESSAI

## SUR

# L'ART DE CONSPIRER.

# ESSAI

SUR

# L'ART DE CONSPIRER.

L'ADMINISTRATION de la police, créée dans des vues d'utilité publique, ne se nourrit en partie maintenant que d'exagérations et de vexations. Lors du retour des Bourbons au trône de France, des trames infâmes furent ourdies par la malveillance, à la tête de laquelle figuraient des agens de police. Ces hommes, si justement repoussés par l'opinion publique, abusant de la position où les plaçait un emploi odieux, ont, pour le conserver, controuvé, machiné des conspirations qui n'existèrent jamais, mais dont les coupables apparences semblaient rendre leur existence nécessaire. Dans l'ombre, ils ont adroitement su déchaîner toutes les passions, et, dans leur aveuglement, des habitans paisibles ont été indignement abusés et lâchement présentés, dénoncés à l'autorité comme de dangereux agitateurs.

En 1814, certains agens de police, tourmentés par le désir insatiable de nuire, et par le besoin impérieux de trouver des coupables, tendaient de tous côtés, dans la capitale, des piéges à l'inexpérience, à la crédulité des citoyens, et offraient en même temps un séduisant appât aux mécontens, ou à ceux dont l'exaspération aurait pu facilement se prêter à rêver des chimères.

A cette époque, le sieur D......, fabricant de .........., rue de........, se livrant tranquillement à son industrie, parut aux agens provocateurs de la police réunir à la simplesse du caractère une confiance aveugle dans ceux qui savaient lui en inspirer. Ainsi, de leur autorité privée, ces agens de la police destinèrent cet honnête artisan à devenir, au besoin, un infâme Séide. On sut adroitement le circonvenir ; on flatta ses goûts, sa vanité, et, après s'être lié avec lui, on lui proposa de faire partie d'une association *généreuse* et *libérale*, destinée à travailler au retour de Bonaparte, ou du moins à conserver au fils l'héritage et la couronne du père.

Le sieur D....., plutôt poussé par la curiosité que par la volonté de partager de coupables intentions, se trouva plusieurs fois réuni avec des agens de police, mais dont il ignorait l'emploi, et qui, sous prétexte de se faire reconnaître par tous les membres de l'association, qu'on disait être nombreuse, lui remirent le P..... D..... B..... C..... F..... D..... C..... et C..... en D....., de manière que le rapprochement des D....., P....., C....., prouvait que l'on était un frère, un ami, sur lequel on pouvait compter. Il reçut donc ce signe de ralliement de R....., qui lui donna un rendez-vous chez....., où devaient se trouver un grand nombre des membres de l'association, et surtout, lui dit-on, des hommes du haut parage.

Le sieur ..... se rendit au lieu et au jour indiqués ; mais, combien il fut étonné de n'y trouver personne ! En y réfléchissant, il soupçonna la bonne foi de ceux qui ne se trouvaient pas au rendez-vous donné par eux ; il vit le piége qu'on lui avait tendu ; heureux, pensait-il, de ne s'être pas plus avancé, plus compromis ; du moins il ne croyait pas l'être. Il conservait avec soin le signe de reconnaissance qui lui avait été transmis, et, tandis qu'il était dans la plus grande sécurité,

les agens provocateurs par lesquels il avait été circonvenu, travaillaient dans l'ombre, et se félici-
taient d'avoir trouvé un homme assez ingénu, assez
franc pour être leur victime, et le charger du
poids odieux d'une conspiration. Le malheureux
fut peint sous les couleurs les plus odieuses, et
représenté à l'autorité suprême comme ayant les
plus criminelles intentions. Ainsi les habitués de
la rue de Jérusalem (*) apercevaient déjà, dans
le lointain, le doux effet de leur méchanceté,
l'heureux résultat de leur honteuse machination.
Les rapports qu'ils avaient faits contre le sieur
D....., déterminèrent une enquête et une information judiciaire qui pouvaient conduire les conspirateurs devant la cour d'assises, qui, si elle ne dé-
couvrait pas la vérité, pouvait envoyer des innocens à l'échafaud.

L'œuvre d'iniquité, les rapports des agens de
police furent remis au commissaire du quartier du
sieur ....., et ce commissaire P....., d'après des
instructions particulières, et sur les documens
mensongers qu'on lui remit, rédigea un procès
verbal assez volumineux, et où la culpabilité et les
crimes anti-royalistes du sieur ..... étaient cons-

_____

(*) *C'est rue de Jérusalem qu'est la Préfecture de Police.*

latés et écrits d'une manière effroyable. Tout fier
et tout glorieux d'avoir aussi dignement rempli
sa mission, le commissaire P..... remit son travail fallacieux à la Préfecture de police, où les agens
qui l'avaient provoqué et pour ainsi dire dicté,
sourirent au zèle ardent qu'avait amené le commissaire P..... à seconder leurs intentions.

Le préfet de police examina ce travail, et, dans
un moment de froide véracité, ce magistrat, à travers l'enthousiasme de ses agens, soupçonna leur
fraude, et, la culpabilité des accusés ne lui paraissant pas évidente, il ordonna que le procès verbal
du commissaire P..... serait remis à un homme
intelligent, adroit, *impartial*, pour lui être fait
un rapport particulier. Les hommes de ce caractère n'abondent pas rue de Jérusalem ; et, après le
sieur A..... que désigna le préfet, il n'eût pas été
facile de lui en adjoindre plusieurs de ceux qui
pensent qu'il y a toujours malheureusement assez
de coupables sans en provoquer de nouveaux,
assez de délits à réprimer, sans en créer d'imaginaires.

Muni de toutes les pièces du procès, le sieur
A..... les examina avec la plus scrupuleuse attention, y donna tous les soins dont son intégrité
était capable, et, après des informations prises avec
toute l'équité d'une conscience qui cherche fran-

chement la vérité, il eut la douce satisfaction de reconnaître que tous les faits énoncés dans les rapports des agens de police, et rappelés dans le procès verbal du commissaire P....., étaient un tissu de mensonges et d'iniquités, que tout était controuvé et n'avait jamais existé. Quelle infamie! et d'aussi coupables calomnies restent impunies! L'animadversion publique est-elle donc la seule flétrissure dont puisse être atteinte cette horde de méchans?

Offrons une autre preuve de la turpitude de ces hommes pervers, de ces agens que l'impunité encourage, de ces employés sans foi, ni religion, souvent recrutés parmi les hommes d'une immoralité profonde, et qui se plaisent à tromper. La faute en est à l'administration supérieure, à la police qui croit devoir toujours finasser, ruser, biaiser dans presque toutes ses opérations. Les agens de police renchérissent, trompent leurs préfets, et les préfets égarent le Gouvernement sur l'opinion qu'il devrait avoir du peuple français et de l'esprit qui l'anime. Mais, revenons à cette nouvelle preuve de la malveillance, à ces mouchards aux dards empoisonnés, échappées de la ruche infernale de l'antre de la police.

Des vers injurieux ont été faits contre la famille

royale, et cette œuvre de malignité poétique fut adressée rue St.-Germain-l'Auxerrois, nº...., à une personne qui n'était point connue dans cette maison. Ces vers et la lettre qui les accompagnait étaient l'ouvrage de la haine ou de la vengeance d'un agent de police qui voulait se rendre utile en paraissant découvrir une méchanceté dont il essaya de faire tomber le blâme sur quelqu'un à qui il en voulait; mais il fut trompé dans son attente, et la fourberie fut découverte. Tout était controuvé, tout était de son abominable invention.

Une nouvelle tentative fut faite, et de semblables vers furent trouvés, disait-on, dans le marché des Innocens; et, quoique l'épître qui les contenait ait été trouvée au milieu de la boue, l'enveloppe n'en était nullement salie. C'était encore un sot, un méchant qui voulait se faire un mérite de son prétendu royalisme, de son zèle ardent, et qui avait remis cette pitoyable rapsodie à des chefs de la police qui veulent voir partout des conspirations, partout des révolutions. Et voilà les hommes dont le Gouvernement salarie la nullité administrative, des hommes qui lui font des ennemis par les vexations dont toutes les classes de la société sont journellement les victimes.

Lors de la première restauration, la direction générale de la police fut confiée au comte B....., maintenant ministre d'état; et, dès qu'il eut entre ses mains le gouvernail de cette partie du service public, tous ses efforts tendaient à inspirer des craintes au Gouvernement; il ne rêvait que conjurations et attentats contre la légitimité, ne voyait que des ennemis de l'Etat dans tous ceux qui, n'ayant point imité son exemple, n'avaient pas chanté les hymnes de la palinodie; et son ardente sollicitude à cet égard se trouvait parfaitement secondée non-seulement par M. P....., préfet de police, mais encore par les agens en chef et en sous-ordre du ministère, de même que par l'inspecteur général Foudras et ses subordonnés.

Il fallait absolument trouver des coupables, et surtout prouver que les militaires de l'ancienne armée voyaient, avec un grand déplaisir, le retour des Bourbons; on s'attacha à faire croire que ces braves désiraient renverser le gouvernement qui venait de s'établir. Les ennemis, qu'on avait désignés sous le titre d'*alliés*, occupaient encore la France, et les soldats français voyaient avec indignation vivre paisiblement au sein de leur patrie ceux qu'ils avaient tant de fois vaincus; ils murmuraient contre le sort, sans accuser le Gouvernement, et surtout sans offenser celui que la Providence replaçait sur le trône de ses ancêtres; ils croyaient que l'honneur de la France et de leurs

drapeaux était souillé par la présence des étrangers ; mais ils respectaient le roi, mais ils auraient
voulu qu'il leur ordonnât de chasser, de repousser
dans leurs contrées ces phalanges ennemies. Cons-
piraient-ils donc ces vaillans soldats, parce qu'ils
voyaient avec une noble indignation le sol de la
France envahi? L'ancienne armée a toujours connu
ses devoirs, et l'amour de la patrie est le sentiment
qui prédomine tous les autres qui l'animent.

Le 11e. régiment de ligne, qu'on citait pour
sa bonne tenue et sa discipline, fut le premier qui,
à cette époque, rentra dans la capitale ; un de ses
officiers, que la curiosité arrêta devant la boutique
d'un marchand d'estampes, rue Neuve-des-Petits-
Champs, fut accosté par un individu qui, ayant
remarqué le numéro du bouton de son habit,
savait bien ne pas se tromper en lui faisant cette
question : *Monsieur, vous êtes du 11e. régiment? L'officier* répondit affirmativement, et la
conversation en resta là.

*L'officier* continua son chemin, et lorsqu'il fut
à la place Vendôme, le même individu, qui l'avait
déjà accosté, s'en approcha de nouveau, et lui
dit :

— Monsieur, vous êtes officier dans un bon et
brave régiment?

— Comme tous les autres.

— Aimez-vous l'oiseau (l'aigle)? voudriez-vous encore servir le tondu ( Bonaparte )?

— Je ne comprends rien au langage que vous me tenez.

—Si vous vouliez me faire l'honneur d'accepter un verre de vin et d'entrer chez ce marchand, je m'expliquerais plus ouvertement.

— Je n'ai pas l'habitude d'entrer dans ces maisons, surtout en uniforme. Au surplus qu'avez-vous à me dire?

— Monsieur, vous me paraissez un brave; j'aurais eu beaucoup de choses à vous communiquer, qui sont de la plus haute importance, et qui tendent à rétablir un ordre de choses qui vous conviendrait mieux. Entrons.

— Je ne le puis. Dans tout autre endroit qu'un lieu public, je vous écouterais volontiers.

—Eh bien! voulez-vous vous donner la peine de venir chez moi demain? je me nomme P....., je demeure rue B....., demain à sept heures je vous attendrai.

— Comptez sur moi.

Ici nos deux interlocuteurs se séparèrent, et l'officier, en quittant son homme, se rendit de suite chez un général de sa connaissance auquel il rendit compte de la rencontre qu'il avait faite. Le général engagea *l'officier* à suivre l'aventure,

quoiqu'il soupçonnât que ce fût une plaisanterie
qu'indiquait à-peu-près la terminaison latine du
nom du personnage mystérieux.

Le lendemain, *l'officier* en habit de ville, fut
au rendez-vous, et l'homme de la veille le reçut
avec beaucoup de déférence, et le conduisit chez
un de ses amis rue S. et C..... où étaient réunis
plusieurs individus qui, sur l'invitation de P....
s'expliquèrent sans détour avec l'officier. Alors il
apprit qu'il y avait un parti très-nombreux où figuraient des généraux, des officiers, des soldats
de la Garde impériale, des régimens entiers, une
multitude d'hommes de toutes les classes de la
société, et qui tous voulaient contribuer à rétablir
Napoléon sur le trône ; qu'on aurait de l'argent,
des armes et tous les moyens de se débarrasser des troupes étrangères en mettant le feu dans
les casernes, ou en les faisant sauter ; que les em-
pereurs d'Autriche et de Russie ne pouvaient
échapper eux-mêmes : on montra des plans de
retranchement et des barricades, et *l'officier*, au
nom de la patrie, de la liberté et de l'honneur,
fut invité à faire partie de l'association, et vive-
ment pressé de faire des prosélites parmi ses camarades ; il le promit, ainsi que de revenir le lendemain au même lieu de rassemblement, où

d'autres braves, disait-on, devaient aussi se rendre.

L'*officier*, après avoir eu beaucoup de peine à se rendre compte de l'imprudence qu'il y avait de communiquer aussi légèrement un projet d'une telle importance, et dont l'exécution pouvait ébranler tous les cabinets de l'Europe, s'empressa d'en informer à son tour le général qui avait toute sa confiance. Celui-ci, justement indigné d'une entreprise si épouvantable, conduisit l'*officier* chez M. le duc de M..... qui partagea la terreur et l'indignation qu'inspirait naturellement un parti aussi abominable. Le duc de M..... accompagna le général et l'officier chez le duc de ..... qui crut indispensable d'en informer le comte de......; et, quand tous ces grands personnages eurent entendu toutes les explications données par l'officier, dont ils louèrent et le zèle et le dévouement, ils le chargèrent expressément de continuer à voir les conspirateurs, afin de découvrir les ramifications du complot, et c'était au comte de B..... qu'il devait faire son rapport, jour par jour, sur tout ce qu'il découvrirait.

Animé par le désir d'être utile, l'*officier* suivit avec soin les réunions de l'association, et il estima s'être trouvé avec quatre à cinq cents personnes réparties dans divers quartiers de Paris, et qui toutes annonçaient les intentions les plus

criminelles, attendant, avec une furieuse et sourde
impatience, le moment de les exécuter. Il y en
avait un bien plus grand nombre qui semblaient
prendre part à cette immense conjuration, et qui
ne respiraient aussi que l'occasion de se montrer et
de frapper les grands coups. Paris alors semblait
recéler dans son sein tous les élémens des plus
grands désastres. Dans quelques jours, dans quelques instans, au moment même, si le terrible
signal eût été donné, la capitale se trouvait en
proie à toutes les horreurs de l'anarchie; et, dans
un torrent de sang, on eût vu couler des milliers
de cadavres.

Chaque jour le comte de B...... recevait de
l'*officier* de nouveaux renseignemens, et chaque
jour aussi, il recevait de nouveaux éloges sur les
services qu'il rendait; il avait pu donner la liste
d'un grand nombre de conspirateurs, et jusqu'à
leurs demeures; il fut jusqu'à désigner ceux qui,
rencontrant un jour l'empereur d'Autriche se
promenant avec une suite peu nombreuse, près
des fossés de la Bastille, voulaient l'y précipiter;
un d'eux, seul, arrêta ce mouvement impétueux,
en faisant observer que le signal décisif n'était
point donné, et qu'il fallait agir de tous côtés en
même temps pour être assuré d'un plein succès.

Chaque jour le rôle de *l'officier* devenait de

plus en plus embarrassant, et il répugnait à sa délicatesse de marcher à-peu-près sur les traces d'un agent de police, lancé comme un *mouton* au milieu des conjurés. Le comte de B....., en applaudissant à ses scrupules, lui promit de l'affranchir de ce rôle qui lui pesait, et ce jour-là même l'officier lui remit des documens très-exacts et très-positifs sur ce qui se passait chez les grands personnages qui avaient tenu de très-près à Napoléon, sur leur réunion, et sur les projets qui devaient assurer le retour de l'île d'Elbe.

Le comte de B..... dans l'occurrence, pensa que le meilleur, le plus sage parti à prendre était de voir M. B....., ministre de la police qu'il pressentit d'abord en lui demandant si Paris était tranquille, et s'il n'y avait pas quelques rassemblemens. Le ministre, peu instruit sur ce point, *ou feignant de ne l'être pas*, afin de profiter de toutes les chances, l'assura que tout était dans le calme le plus parfait; alors le comte de B.... annonça tout le contraire; et, pour le prouver au ministre, il lui remit les renseignemens très-détaillés qui lui avaient été fournis par l'*officier*. Le ministre les lut avec beaucoup d'attention, et, malgré cet ascendant qu'ont sur eux-mêmes les diplomates, celui-ci ne put se défendre d'une surprise, d'une

confusion qui n'échappèrent point à l'œil obser-
vateur du comte de B......; mais le ministre,
revenu de cette vive impression qui avait mis à
découvert ou sa déloyauté ou son manque de
perspicacité, reprit son sang-froid, et dit avec une
sorte d'importance, qu'il avait bien quelques données sur ce complot, envisagé par l'*officier* sous
un point de vue trop élevé ; que le mal était exa-
géré, mais que, cependant, il y avait quelque chose
de vrai. Le comte de B...... se plaignit assez
amèrement de ce qu'un magistrat, chargé de tout
ce qui était relatif à la sûreté publique comme à
celle du roi, fût moins instruit qu'un particulier
des dangers éminens dont on était entouré, et
qu'on était sur un volcan prêt à produire la plus
terrible éruption. Le ministre balbutia, pour se
justifier, quelques phrases de zèle et de dévouement qui rassurèrent un peu le comte de B.....
qui, avant de le quitter, lui laissa toutes les notes
de l'officier, le nom et la demeure de celui-ci.

Le ministre, fâché qu'on eût devancé sa police,
se trouva offensé du zèle de l'officier, zèle qu'il
caractérisait d'indiscrétion ; mais pourtant il se
promit bien d'approprier au profit de son autorité
tout ce que contenaient d'intéressant les renseignemens qui lui avaient été laissés par le comte
de B......

Enfin les mouches de la police prirent leur es-
sort; l'*officier* fut circonvenu; on s'insinua auprès de ceux qu'il fréquentait : les provocations,
arme si dangereuse et si perfide, furent mises en
avant; et tous les piéges, toutes les machines obli-
ques de la rue de Jérusalem furent tendues pour
enlacer les innocens et les coupables, suivant le
bon plaisir de M. le ministre B......

L'officier, au zèle duquel on avait tant de raison d'applaudir, dormait encore profondément, et
du sommeil d'un homme qui n'a rien à se repro-
cher, lorsqu'au lever de l'aurore, un matin, les sbires et les agens de la police se présentèrent à son domicile, et, au nom du Roi, on lui intima l'ordre
de se rendre près du ministre. Probablement on
inventoria ses papiers, bouleversa tous ses effets;
et sur la figure sinistre des archers de la police
se marquait très-distinctement le regret de ne rien
trouver qui pût compromettre celui dont on vio-
lait la demeure, dont on troublait le repos. L'*officier* fut conduit à la police, où, après avoir répondu franchement à toutes les questions de
M. F...... qui lui reprocha durement de n'avoir
pas fait directement ses révélations à la police,
il fut enfermé dans une chambre dont l'ameublement annonçait qu'il pouvait se considérer comme
étant en prison.

Quels sont ses torts? ou plutôt quels services
n'a-t-il pas voulu rendre? il a pour lui sa conscience et le témoignage des duc de B......, et
d'A...., et du comte de M.........; il attend avec
sécurité que cette affaire se débrouille, ne dou-
tant pas que bientôt sa liberté ne lui soit rendue.

Mis au *secret* jusqu'à nouvel ordre, notre prisonnier ne pouvait qu'écrire, et, à travers la brus-
que obscurité du laconisme de son gardien, il découvrit qu'il était métamorphosé en conspirateur.
Peut-on le croire!

Il fait cher et très-cher vivre en prison; tout s'y
paye au poids de l'or, et la bourse la mieux gar-
nie se vide en peu de temps. Celle de l'officier prisonnier étant à sec, on le réduisit au pain et à
l'eau, et on le priva des draps de son lit composé
d'un seul matelas. C'est ainsi qu'il passa treize
jours sans avoir de relations qu'avec le geolier,
et un autre commensal le *mouton obligé*, le compère de la police, causeur plus ou moins adroit,
mais que l'*officier* devina tout de suite, et qu'il
se plut à mystifier. Dans ses interrogatoires, il
rendit un compte exact de tous les faits; et quoique la personne qui l'interrogea ne pût s'empêcher de lui dire qu'il méritait des éloges, et que
toutes ses réponses faisaient ressortir tout l'odieux
des provocations qu'on avait essayées sur lui, il

n'en fut pas moins remis au secret. On le confronta avec quelques-uns des nombreux individus qu'il avait vus avant son arrestation ; ils le reconnurent, avouèrent les propos qu'ils avaient tenus, les projets qu'ils méditaient, et déclarèrent que l'*officier* ne pouvait être accusé en aucune manière. L'un d'eux ajouta que plusieurs de ceux qui avaient disparu, soupçonnant l'*officier* de vouloir les trahir, avaient proposé un jour de l'attirer hors des barrières, où il aurait été assommé et jeté dans une carrière.

Les interrogatoires, tout à l'avantage de l'accusé, et les aveux de quelques conspirateurs qui étaient tout en sa faveur, réunis aux antécédens les plus flatteurs, rien ne put décider le ministre à lui rendre justice. Pour l'obtenir, il aurait fallu se rappeler qu'on était dans le sanctuaire des détours, de la ruse, et savoir dissimuler sa juste indignation, épargner au ministre des reproches sanglans ; mais ce dernier qui n'aimait pas à s'entendre dire de dures vérités, et qui paraissait prendre sous sa protection immédiate le corps des *agens provocateurs*, décida comme mesure administrative que l'*officier* passerait deux mois à la prison de la Force, et on l'y transféra dans une voiture, et il se trouva pêle-mêle confondu avec des voleurs.

C'est du séjour du crime, où, dénué de tout ce

qui peut en tempérer l'amertume, que le malheureux officier s'empressa d'informer les ducs de
B..... et d'A...., et le comte de M..... ainsi
que le général, de l'infamie dont l'accablait un
ministre vindicatif; mais cet administrateur insigne, intéressé à dérober la trace de ses actes arbitraires, avait donné l'ordre d'arrêter et de lui
remettre toutes les lettres de l'infortuné détenu.
On triomphe quelquefois des méchans, et notre
prisonnier rencontra à *la Force* un compagnon
d'infortune, qui, ayant la liberté de correspondre
avec le dehors, trompa l'active inquisition qui pesait
sur *l'officier*, en se chargeant de soustraire ses
lettres au terrible *veto* du ministre. Grâces à cet
expédient, les protecteurs du prisonnier surent
enfin ce qu'il était devenu, et de combien d'outra-
ges on l'abreuvait.

Dans ce séjour de honte, où l'abus du pouvoir
confond quelquefois l'homme honnête avec l'être
le plus bas qu'ait formé la nature, le prisonnier
reconnut quelques-uns des *agens provocateurs*,
qui avaient comparu devant lui lors de ses interrogatoires, de ces vils instrumens du pouvoir qui
voulaient faire croire que le Gouvernement et le
Roi avaient tout à craindre des militaires et de
l'armée française; et quand ces agens osèrent s'approcher de lui en se plaignant aussi des vexations

du ministre qui les privait de leur liberté, il les signala hautement à tous les prisonniers comme d'infames espions, apostés au milieu d'eux par la police pour les enlacer, sous les verroux, de nouvelles perfidies.

Eh bien! malgré les instances des hautes protections de l'officier, sa liberté ne lui fut rendue qu'à-peu-près à l'expiration du temps prescrit par l'injuste *mesure administrative* du ministre.

Pendant son absence, le sieur G....., propriétaire du logement de l'officier, avait fait main basse sur les effets qu'il y avait trouvés; et, comme le sieur G...... était un agent secret de la police, l'*officier*, en s'adressant au commissaire de police du quartier, tomba de Caribde en Scylla, et il dut ajouter la perte de ses effets et de plusieurs valeurs importantes aux persécutions qu'il avait éprouvées sous le bon plaisir ministériel (1).

Le ministre n'avait point encore épuisé la série des mauvais procédés dont il voulait accabler le protégé des ducs de B...., et d'A....; et, comme

(*) Ce sieur G...., d'une grande immoralité, était cuisinier chez le général M...., qui commanda dans le département de ....., et si généralement connu par les services qu'il vendait. G...., devenu secrétaire du général, préparait les voies et partageait avec son maître le produit

leur crédit avait arraché à la captivité l'*officier*
huit jours avant l'échéance des deux mois de
*mesure administrative*, le ministre B..... voulait une compensation, et il la trouva dans l'injonc-
tion faite à l'*officier* de prendre un passe-port et
de quitter Paris, encore bien que son régiment y
fût toujours caserné, et que, comme militaire, il
se trouvait dans les attributions du ministre de
la guerre. Il prit donc ce passe-port, cette espèce
de feuille d'ostracisme; et, au lieu de quitter les
murs de Paris, il se retrancha auprès de ses puissans protecteurs, qui surent encore triompher de
la malice ministérielle, et l'officier rentra à son
corps.

Que conclure de cet acharnement du ministre
B...... à tourmenter, à persécuter cet *officier*?
C'est qu'il était désespéré qu'un simple particulier
fût mieux informé que lui des projets qui devaient
ramener Napoléon de l'île d'Elbe; ou plutôt, de
ce qu'il divulguait ce que lui, M. B......, avait
intérêt de cacher, afin d'être en faveur à tout

des exactions. Ses productives opérations ayant éveillé
l'attention d'un certain procureur impérial, il en résulta
une enquête qui prouva l'évidente culpabilité. Le général
parvint à assoupir l'affaire, reçut un ordre de départ, et le
secrétaire-cuisinier fut chassé du pays.

événement. Il est bien incontestable que si, alors, on avait pris en considération les renseignemens donnés par *l'officier*, on eût empêché le retour de Napoléon; et si M. B..... ne fut pas secrètement initié au complot, ni ouvertement devoué à son ancien maître, il faut l'accuser de la plus grande impéritie dans les fonctions qu'il remplissait alors.

FIN DE L'ESSAI SUR L'ART DE CONSPIRER.

# NOTICE

SUR

## LA POLICE EN GÉNÉRAL

ET

## SUR SES ADHÉRENCES.

# NOTICE

SUR

# LA POLICE EN GÉNÉRAL

ET

# SUR SES ADHÉRENCES.

---

# PRÉFECTURE DE POLICE.

---

Bonaparte, qui connaissait bien la science de gouverner, créa, pour son usage, la préfecture de police, et l'institua lorsqu'il organisa la France en préfectures.

Partout la police choque, offense la société par son importunité, par ses formes rudes et par ses vexations. On sait bien qu'il faut un frein aux erreurs , aux passions des hommes; mais , pour contenir des méchans, est-il besoin d'effrayer tout le monde?

La police est devenue une partie essentielle et intégrante de tous les gouvernemens qui se sont succédés depuis la révolution , et elle a acquis un degré de puissance , d'autorité et d'influence dont on peut à peine se faire une juste idée , lorsque l'on envisage les abus d'autorité , les persécutions dont elle se rend chaque jour coupable , ou par la méchanceté , ou par l'impéritie de ses agens.

Et d'où provient le mal?

De ce que l'administration de la police apporte trop peu de soin dans le choix des hommes qu'elle emploie; Que les administrateurs de cette partie du service public, ne donnent point le mauvais exemple, et surtout ne tolèrent point les vexations, les brusqueries, les exactions, les duretés et les perfidies de leurs agens ; alors ils auront, comme dans les autres classes de la société , des droits à la considération publique; alors se présenteront ostensiblement pour être agens de la police des hommes honnêtes, plus capables que ceux qui existent aujourd'hui de réprimer les désordres et d'éclairer l'autorité ; ces hommes honnêtes n'auront pas, comme les agens du moment, de malfaisantes inspirations dont ils ont souvent besoin pour capter la bienveillance de leurs chefs. Déplorable nécessité!

Les lieutenans-généraux qui existaient avant la révolution, les préfets qui leur ont succédé, n'ont-ils pas adopté les mêmes erremens? Parmi les sbires, leurs familiers, vrais sycophantes à gages, se sont conservés ces abominables principes qui les vouent à l'animadversion publique, et ce *virus* de la police s'est gardé dans toute sa criminelle et coupable pureté. On peut malheureusement le prouver en passant en revue ceux qui ont joué, dans ces administrations, des rôles ou comme chefs, ou comme subalternes.

Offrons d'abord l'esquisse du personnel et des opérations de la préfecture de police de Paris.

M. Duplessis, secrétaire intime du préfet, a su se créer des attributions qu'il s'efforce de rendre importantes. Il a sa petite police à lui, ses agens particuliers; il prend en son propre et privé nom maintes informations sur une foule d'individus; il tranche du petit ministre, donne des audiences, et il tient à peu de chose que ses familiers ne lui donnent de l'*excellence*. Les commissaires de police prennent ses ordres, dont bien enrage le chef de la police centrale ; mais telle est la volonté du préfet qui a une confiance sans bornes dans son secrétaire intime, encore bien que sa jeunesse puisse faire douter de son expérience. Il réunit à ses fonctions celle de *trésorier familier* du préfet, qui met à sa disposition des fonds qui servent à payer certaines dépenses secrettes. (Bouteille à l'encre).

Le cabinet particulier du préfet est chargé des affaires dont ce magistrat se réserve la connaissance. Ce cabinet est divisé en deux sections ; M. Brunat est chef de l'une, et, en cette qualité, chargé du personnel de tous les employés. Il jouit d'un grand crédit auprès du préfet qui s'en rapporte aveuglément à lui sur l'avancement des employés qui lui font la cour, et qui assaisonnent de mensonges et de calomnies les instances qu'ils lui font.

M. Depins est le chef de l'autre section, et dans ses attributions se trouve la grande direction de la politique, où, à l'aide des vingt-cinq à trente agens ou *mouchards*, il peut former un recueil de toutes les balivernes et billevesées qui se disent dans les cafés, dans les estaminets, dans les maisons de jeu, de débauche et autres lieux publics de la capitale ; et c'est sur de tels renseignemens, sur de semblables frivolités qu'on croit connaître l'esprit de la nation ? C'est sur d'aussi misérables rapports, ouvrage de l'ignorance et de l'erreur, quelquefois de la malveillance la plus insigne, qu'un citoyen paisible, qu'un honnête homme, s'il a déplu à un agent de police, est défavorablement noté, peut-être considéré comme un être dangereux, et, à ce titre fâcheux, mis en surveillance, espionné de tous côtés, trahi par ses domestiques ; et, ce que l'on ne sait pas, on l'invente.

M. Depins a un talent particulier pour créer des dangers imaginaires ; c'est à l'ombre de ces dangers qu'il place son royalisme, qu'il sait le faire valoir, et qu'il établit son crédit. Il a sous ses ordres un sieur *Chinard*, très-expert dans ce genre d'opérations ténébreuses, et un nommé *Froment*, chef de la brigade de ses agens. Froment, l'âme damnée de son chef Depins, de concert avec celui-ci, vendait son crédit ; et le sieur *Lebrun*, propriétaire du café des Aveugles, au Palais-Royal, fut indignement escroqué par ce Froment, qui lui avait promis, moyennant 600 fr., la permission d'établir un théâtre dans son café, à l'instar de celui du café de la Paix.

Cette police du cabinet particulier est *secrète* et *cachée*; elle n'est pas même connue de tous ceux qui sont attachés à la préfecture; et, pourvu qu'on indique aux chefs le *mal*, on aura toujours raison. Un agent qui agirait différemment, et qui ne voudrait signaler que de vrais coupables, serait bientôt éliminé. Sans cela, sans le système qu'elle a adopté, l'existence de la police ne semblerait plus aussi nécessaire ; son pouvoir, son influence diminueraient, et cet essaim de petits et gros *bourdons* qui s'échappent chaque jour de la rue Jérusalem, mourrait d'inanition.

Le secrétariat général ne joue pas un grand rôle dans la police ; son chef n'est, à proprement parler, qu'une machine à signatures, donnant de temps à autres quelques notes pour l'expulsion de quelques individus ; mais il entre dans le système du préfet de police de le réduire à une espèce de nullité dont on l'empêche de sortir.

Le secrétariat se compose de trois bureaux, dont le plus important est celui de l'architecte de la petite voirie. Le chef a sous lui dix inspecteurs divisionnaires, pour donner les alignemens, ordonner les réparations et les démolitions de maisons. Combien de maisons seraient abattues dans Paris, si les propriétaires n'étaient pas les amis des architectes-inspecteurs, qu'on dit être assez accessibles à l'argument irrésistible auquel dom Bazile ne put résister ! C'est avec un tel argument, imperceptible aux yeux de la multitude, que l'on conserva long-temps la maison qui faisait le coin de la rue de la Huchette, et de celle du Petit-Pont, et dont la vétusté menaça, pendant bon nombre d'années, d'écraser les passans.

FIN DE LA NOTICE SUR LA POLICE EN GÉNÉRAL.

# POLICE CENTRALE.

# POLICE CENTRALE.

———————

La police centrale est une branche inutile de
l'administration qui, en multipliant ses rouages,
nuit à l'action principale, et entrave sa marche.
Nous allons le prouver.

Les divisions transmettent au chef de la police
centrale les notes d'après lesquelles il faut prendre
des renseignemens sur tels ou tels individus, ou
en faire la recherche. Cet envoi exige des écritures.
Arrivées dans le bureau de la police centrale, ces
notes passent entre les mains du chef, il les remet
à un commis principal qui les fait transcrire sur
un registre, par un expéditionnaire qui y met un
numéro d'ordre : on inscrit en marge le nom d'un

officier de paix, ou d'un agent de la police centrale, qui sera chargé du travail.

Si c'est un officier de paix ou un de leurs agens
qui sont pour la plupart assez incapables, le rapport est aussi mal rédigé que les résultats qu'il
présente sont insuffisans. Alors on en charge l'un
des deux ou trois agens adroits, actifs et intelligens, qui sont attachés à la police centrale ; et l'affaire étant enfin terminée, ce dernier rapport est
encore porté sur le registre, et les pièces ren-
voyées à la division d'où elles étaient primitive-
ment parties.

Il est donc résulté de cette marche, comme
on le voit, des lenteurs qu'il eût été possible d'é-
viter.

La police centrale, comme nous l'avons déjà
dit, est donc une branche inutile à l'administration
et qui coûte beaucoup ; donnons-en la preuve :

| | |
|---|---:|
| Un commissaire central, aux ap-pointemens fixes de.......... | 10,000 fr. |
| Un commissaire chef adjoint... | 6,000 |
| Un secrétaire du commissaire central..................... | 1,800 |
| Un commis principal.......... | 2,000 |
| Deux agens, garçons de bureau.. | 1,200 |
| Total............ | 21,000 fr. |

Ajoutant à cela les frais de chauffage, l'éclai-
rage, papier, plumes, encre et gratifications, on
pourrait porter à 30,000 fr. l'économie résultante
de la suppression de la police centrale. Tout en
marcherait mieux, plus rapidement; car la ri-
valité, qui existe entre la police centrale et les
autres bureaux, nuit étonnamment à la marche,
à la solution des affaires.

Puisqu'elle existe, cette police centrale, nous
allons apprendre aux amateurs de conspirations
comment des employés dans cette police s'y sont
pris pour faire croire au projet d'une conspiration
qu'ils avaient controuvée.

L'officier de paix Duroussel, espèce d'intrigant sans talens, mais tourmenté par l'envie de
faire parler de lui, dit un jour à son inspecteur
Dubois : Il y a long-temps que nous n'avons rien
fait; inventons quelque chose, créons une bonne
conspiration! Et dans la souplesse de leur imagi-
native, ils enfantèrent celles des *Bretelles élastiques et tricolores.* L'idée leur sourit, et Dubois,
qui a l'esprit assez délié, saisit parfaitement les
intentions de son chef. Advienne ce qui pourra!
Inventons le mal, chargeons-en le premier venu,
tendons-lui des pièges, enfonçons-le dans l'abîme!
que nous importe, pourvu que nous soyons ré-

compensés de notre zèle, et que nous retirions
quelque gloire de l'infamie qui nous occupe!

Dès le lendemain du plan arrêté par les deux
amis, Dubois, sous un nom supposé, se présente
chez le sieur *Burty*, fabricant de bretelles, rue
Saint-Denis, n° 155, et lui commande une quan-
tité assez considérable de bretelles élastiques, en
ajoutant qu'elles fussent couvertes d'un *ruban tricolore :* le marchand s'y refusa, malgré l'insistance du chaland, et les choses en restèrent-là
pour cette fois. Le provocateur Dubois vint
rendre compte de ses premières démarches à son
officier de paix, qui, ayant déjà parlé au chef de
la police centrale, de cette grande et importante
affaire, tenait plus que jamais au succès de leur
perfide entreprise. Ce chef de la police centrale, véritable gobe-mouche, crut aveuglément à l'existence de la conspiration; il l'envisagea sous tous
les aspects, et il ne douta pas qu'il n'eût dans ses
mains le moyen d'acquérir une certaine célébrité.
L'officier de paix Duroussel, autant que l'inspecteur Dubois, sont investis de toute sa confiance;
et ce dernier reçoit déjà des éloges sur son activité
dont on l'engage à redoubler pour arriver à un
dénoûment Il retourne chez le sieur Burty, re-
nouvelle sa demande de bretelles garnies de
rubans tricolores; mais le marchand refuse obs-

tinément cette espèce de garniture. Enfin, Dubois
semble s'accommoder de la fourniture telle qu'elle
est; mais, rentré chez lui, et aidé de son adjoint
Duroussel, ils recouvrirent toutes les bretelles
d'un ruban tricolore, et les portèrent chez le commissaire central. Celui-ci, qui se croit doué d'une
perspicacité au-dessus de ses subalternes, d'un
œil de lynx, découvrit, dans cette affaire, le ren-
versement du trône des Bourbons, et le retour
du gouvernement révolutionnaire. Il soumet ses
idées et ses craintes au Préfet, qui, malgré l'exhi-
bition des pièces et leur vive couleur, ne vit pas
la chose aussi en noir que le chef du bureau central. Quoi qu'il en soit, le Préfet ordonna de véri-
fier les faits; et un commissaire de police, accompagné de l'officier de paix Duroussel, de ses agens
et des gendarmes pour *empoigner* au besoin, se
transportèrent chez le sieur Burty, qui reçut sans
crainte et sans murmurer la communication du
mandat de perquisition; et, avant qu'il pût apprendre le motif de cet acte arbitraire, on avait
tout bouleversé dans son magasin et dans toutes
les pièces qui composaient son habitation et celle
de sa famille. On trouva beaucoup de bretelles
chez lui; mais aucune n'était revêtue de la couleur séditieuse; et quand le commissaire de police
lui apprit qu'il était accusé de fabriquer des *bre-*

*telles tricolores*, il se rappela qu'un particulier lui avait proposé d'en établir de semblables ; qu'il avait refusé de le satisfaire, et que celui-ci s'était contenté de simples bretelles. Le sieur Burty parlait avec une telle assurance au commissaire de police, et avec cet accent qui n'appartient qu'à la droiture, qu'à l'innocence, qu'il le persuada qu'il n'était pas coupable. En vain Duroussel et Dubois s'agitèrent pour faire croire que le sieur Burty avait trouvé le moyen de faire disparaître les bretelles tricolores ; ils ne purent déterminer l'autorité à sévir contre lui. L'affaire en resta-là.

Mais la fourberie, l'odieuse machination des agens provocateurs se découvrit heureusement, et de la manière la plus simple. Le sieur Burty, étant un jour au spectacle *des Français*, aperçut au péristyle l'agent Dubois qui s'y trouvait de service ; il veut l'aborder : celui-ci, qui le reconnaît aussi, l'évite en se perdant dans la foule ; mais le sieur Burty, négligeant le plaisir qu'il se promettait au spectacle, cherche, furete comme un furet de police, découvre enfin son homme et apprend, en le désignant au bureau du contrôle des billets, qu'il est le sieur Dubois, agent affidé de l'officier de paix Duroussel.

Avec ce renseignement, le sieur Burty écrivit

au préfet de police, et plein de l'indignation la plus juste, il affirma, sur son honneur, que le sieur Dubois, agent de police, était bien positivement l'individu qui était venu avec insistance lui commander des bretelles tricolores. Dubois, en comparaissant devant le préfet, rejeta tout l'odieux de cette affaire sur Duroussel, auquel il déféra tout l'honneur de l'invention; celui-ci parla de son zèle, et des instigations de Dubois; mais, à travers les dénégations obscures et les fourberies de l'un et de l'autre, le magistrat distingua fort bien deux fripons d'agens, qui, pour faire croire à leur capacité, à leur utilité, avaient voulu perdre un honnête commerçant. L'officier de paix Duroussel et l'agent Dubois furent seulement destitués : cette correction est trop douce, lorsqu'on envisage quelles pouvaient être les suites funestes de leur abominable complot, si le sot agent Duroussel, dans la perquisition inquisitoriale faite chez le sieur Burty, avait eu l'adresse de glisser *çà* et *là* quelques paires de bretelles tricolores. Heureusement la coupable pensée ne lui en est pas venue. Le chef de la police centrale,

.............. honteux et confus,
Jura mais un peu tard qu'on ne l'y prendrait plus.

Ainsi cette conspiration, œuvre inique de la
police, ne put même se soutenir à l'aide des bretelles que voulaient lui donner deux de ses agens.
Combien on doit être effrayé, combien ne doit on
pas gémir de voir l'honneur, la fortune, la liberté
et la vie des citoyens aussi légèrement confiés,
aussi imminement exposés entre les mains d'employés qui devraient être la sauve-garde de la société !

Si l'amour-propre tenait lieu de talent, le secrétaire de la police centrale pourrait laisser peu
de chose à désirer; et son père, qui est le chef
de cette partie, se repose sur lui d'une foule de
choses qui souffrent de son incapacité et de son
inexpérience. Le public ne saurait applaudir à
une tendresse paternelle, qui compromet ses intérêts. Ce secrétaire a presque à sa disposition une
petite caisse dont les fonds servent à acquitter
certains frais pour expéditions si obscures, qu'il
est impossible de les apercevoir.

Le commis principal du bureau central, est un
sieur Descampeaux fils, employé sans nul moyen
d'utilité, mais cependant mouchardant sans
cesse les mouchards, et avec assez d'adresse; à
plat-ventre devant le chef et le secrétaire de sa
partie, qui se reposent sur lui de la répartition

des gratifications aux employés de leur service, travail épineux dans lequel il a soin de ne point s'oublier. Il n'est point oublié non plus dans la répartition des billets de spectacles, pour lesquels le chef et le secrétaire de la partie en ont chaque jour six. Quel abus de l'autorité !

L'officier de paix, de service pendant 24 heures au bureau central, offre le modèle parfait de la suffisance d'un sot ; à le voir dans son bureau et le soir enfoncé dans son large fauteuil, on croirait reconnaître les antiques armes de la ville de Bourges. C'est par-devant cet officier que paraissent les individus arrêtés dans la journée, et le procès-verbal de ses opérations est envoyé au préfet, à la police centrale et aux informateurs. Cet officier de paix qui, pendant 24 heures, joue presque à l'excellence, outre l'honnête mouchard qu'il décore du titre de secrétaire, fonctions qu'il cumule avec celles de valet-de-chambre ; il a, surtout la nuit, près de lui douze à quinze surnuméraires, qui aspirent à l'avantage d'être *mouchards en pied*. Ils n'ont, sans autre rétribution, que la somme de 3 fr. par jour, qu'ils reçoivent de l'agent qu'ils remplacent. Ces aspirans au beau corps des mouches parisiennes cherchent avec grand soin à mériter la bienveillance de Messieurs les officiers de paix, et ils gagnent quelquefois leur protection en leur faisant d'innocens rapports, assaisonnés de petites perfidies et de doux mensonges, même contre leurs camarades. Tel est l'esprit du corps; malheur à celui sur qui ça tombe ! mais la carrière lui est également ouverte. Cette manière de faire son chemin étant presque toujours assez bien accueillie des chefs, chacun l'adopte : heureux qui arrive !

Les sieurs Rualer, Hadet et Tronchard sont les trois employés expéditionnaires, attachés à la police centrale ; quoique Tronchard prenne, hors du bureau, le titre d'inspecteur-général des maisons garnies, il a aussi la prétention de passer pour homme de lettres, parce qu'il a rimaillé quelques *Ponts-Neufs*, et fait de la prose dans le genre du *Bourgeois-Gentilhomme*. Il serait peut-être même sur le Pont-Neuf avec une scellete, s'il n'eût pas été le neveu de M. Henri, ex-chef de division à la préfecture de police, le protecteur du fameux Vidocq, qui le lança dans la carrière de la police, et le plaça ainsi au-dessus de ses égaux et de ses pareils.

Péage et Lévêque, espèces de niais et de garçons de bureau : le premier fait le royaliste à plaisir, et lit assez souvent les psaumes de David; le second est un homme dangereux, méchant par caractère, fourbe et menteur par esprit de métier, très-curieux, espionnant les mouchards qui le craignent.

Le sieur Roux, un des inspecteurs particuliè-rement attaché à la police centrale, signe ses rap-ports du nom d'*Auguste*; c'est l'homme de con-fiance du chef de la police centrale et de son fils, le secrétaire de cette partie. Pour plaire à qui lui veut du bien, Roux est homme à créer une conspiration; il avait accueilli celle des bre-telles : il assurait déjà en avoir vu de brodées en or avec le chiffre du roi de Rome, sur un ruban tricolore. Ce Roux ira loin; il mérite de l'avance-ment, qu'on en juge : il est faux, sournois, trahit avec facilité ceux qui lui déplaisent. C'est le furet qui va à la découverte des typographies sédi-tieuses, des pamphlets et des livres mis à l'index. Oh! c'est un homme précieux.

Malvaux dont les rapports sont alternativement signés du nom de *Jéricho* et de celui de *Nicaise*, sous l'une comme sous l'autre dénomination, n'est qu'un fripon éhonté, entaché de vices dé-goûtans et de mœurs les plus dissolues. Quoiqu'a-gent de police, il eut l'adresse de devenir secré-taire du respectable curé de Saint-Eustache, M. Bossut, dont il trahissait la confiance en rap-portant, en commentant méchamment tout ce qui se passait chez lui et dans le clergé de cette paroisse. Le curé le soupçonna, et, convaincu de sa perfidie, il le chassa. Malvaux, exclusivement livré aux fonctions d'agent de police, rançonne les *dames de maison*, et protège contre elles les filles qui en dépendent : c'est uniquement par méchanceté, car, quelque belles qu'elles soient, leurs charmes n'ont aucune puissance sur ses sens. A ses goûts dépravés, Malvaux réunit la gourmandise, et, de concert avec un nommé *Cliche*, digne en tous points de figurer à ses côtés, ils cherchent sans cesse à piquer l'assiette chez ceux que leurs fonctions peuvent effrayer. Comment la police ne sait-elle pas que Malvaux, moyennant de l'argent, communique les notes qui lui sont confiées à ceux qu'elles concernent? Qu'on demande au sieur Burillon, marchand rue du Jour, n° 19, combien il lui donna pour un service de ce genre; ce qui ne l'empêcha pourtant pas de le dénoncer comme un bonapartiste, de le calomnier, et de porter le trouble dans son ménage. Toutes ces horreurs sont connues de l'administration qui occupe Malvaux, et pourtant elle le conserve.

Le Duc et Lamarque, simples agens; le premier, jadis imprimeur, dirige particulièrement ses recherches du côté de ses anciens patrons, et

ses rapports ont parfois l'esprit d'une sotte vengeance, exercée par un subalterne envers ceux
qui furent ses chefs. Le second furete dans les maisons de jeux ; et, dans ses momens de loisir, il
griffonne un mélodrame, tantôt seul, tantôt
avec le sieur David, celui qui a l'inspection des
fiacres.

La Préfecture de police a deux succursales de
ses prisons. La première est la salle Saint-Martin, placée à l'étage au-dessus de la police centrale, où il y a de fort mauvais lits que l'on
paye très-cher. L'inspecteur-général est à la
tête de cet établissement garni, dont le produit
est considérable, mais moins cependant qu'il ne
l'était autrefois ; les vivres y sont d'un prix
excessif. C'est le concierge qui fait la carte à
payer.

Le dépôt est une espèce de cloaque, où l'on ren-
ferme pêle-mêle des voleurs, des assassins, des
prostituées, des escrocs, des vagabonds, des
mendians, enfin, tout ce que la société a de plus
infâme ; et ils restent ainsi confondus, jusqu'à ce
qu'ils soient dirigés sur Bicêtre, la Force, ou les
dépôts de mendicité. Le spectacle de ces différentes hordes de brigands est vraiment une chose
pleine d'horreur; le langage de cette tourbe de
criminels ferait frémir tout homme habitué au

langage policé. Ce réceptacle de tous les vices est gouverné par un concierge, qui a sous ses ordres un greffier et quatre à cinq guichetiers, qui tous rançonnent à qui mieux mieux les détenus, et ceux qui les visitent. Près de ce lieu, cour de Lamoignon, on cite, parmi les amateurs, le cabaret de la femme Limage, belle-mère de l'officier de paix David, où il y a constamment des mouchards, où les loueurs de carrosses et de cabriolets traitent ce sieur David, le visir de la rue Guénégaud, les jours de petite goguette ; mais les grands galats, ceux dont on espère beaucoup, se donnent sur la place du Châtelet, au *Veau qui tette.*

FIN DE LA POLICE CENTRALE.

# POLICE MILITAIRE.

# POLICE MILITAIRE.

—

## PREMIÈRE DIVISION.

———

Sans doute le militaire a plus besoin, peut-être, que tout autre, qu'on le surveille, qu'on tempère ses inclinations dissipées; mais, pour atteindre ce but, doit-on le faire surveiller par des hommes, ou qui lui donnent de mauvais exemples; ou qui l'entourent de piéges?

La première division militaire a donc sa *police*. A ce mot, tout militaire doit se sentir indigné. C'est le colonel baron *Allouis*, qui dirige cette police suivant son bon plaisir et son caprice. Il est tellement flatté de sa puissance; elle l'aveugle à un tel point, que souvent il s'abandonne, sans réserve, à l'esprit de tracasseries, qui est la base essentielle de son caractère. Que résulte-t-il de cela? qu'il est parfois obligé de s'abaisser et de faire des excuses à des militaires au-dessous de lui, ou même à ses égaux, mais qui tous ne veulent point impunément supporter sa morgue, ni la rudesse insolente du planton qui garde sa porte, et qui a l'ordre, probablement, d'imiter son maître en grossièreté.

Malheur à l'officier qui vient à Paris sans permission, ou qui excède un peu celle qu'il avait d'y séjourner. Le colonel Baron aura bientôt la douce satisfaction de lui préparer un logement à l'*Abbaye*; et là, on entoure l'officier délinquant de maintes vexations; on le prévient, on le choye comme un malfaiteur; et le rapport de toutes les tracasseries dont il a été la victime, est un des plus doux passe-temps du Baron-Colonel. La sévérité qu'il déploie dans le poste qu'il occupe, rappelle naturellement, à ceux qu'il vexe, ce qu'il fut, ce qu'il fit jadis; et, comme on ne mérite d'indulgence qu'autant qu'on en a pour les autres, on conçoit qu'il n'est pas épargné dans le feuilleton des prisonniers de l'Abbaye; et ce n'est

point à *Saint-Brieux* que M. *Allouis* irait se
vanter de la conduite qu'il tient à Paris.

Comme les sots, le Baron-Colonel est jaloux de
ceux qui l'entourent. Presque tous les officiers de
l'état-major lui déplaisent, parce qu'il voudrait
être exclusivement en avant, toujours sur le premier plan du tableau. Le lieutenant-général, dont
il est pourtant obligé de prendre les ordres, le
rudoye parfois, et le remet à sa place, dont il sort
fréquemment et avec beaucoup de facilité. On
demandait un jour à ce lieutenant-général pourquoi il employait un tel homme? Cet officier supérieur, pour toute réponse, se contenta de hausser
les épaules. Pour le Colonel-Baron, quel honneur! quelle marque de bienveillance de son chef!

M. Allouis a, sous ses ordres, six employés
écrivains, dont un avec le titre de secrétaire, plus,
six agens, *mouches* toutes dévouées aux ordres
du Colonel-Baron, et chargées, par lui, d'espionner tous les officiers qui résident dans Paris, et
qui en composent la garnison. A la tête de ces le-
vriers d'espionnage est un ex-officier...... de paix,
renvoyé de la police pour avoir tenu des propos
contre S. A. R. madame la Dauphine; et les appointemens de cette petite escouade, dirigée contre les officiers militaires, sont payés par le co-
lonel-chef, qui, ayant à sa disposition les fonds

destinés à sa police, s'arrange de manière à passer pour très-riche.

Le Colonel-Baron Allouis est de ceux qui vont à la fortune à pas de géans. En 1815, il était simple capitaine; sous le lieutenant-général comte Defrance, il devint chef de bataillon ; sous le comte Coutars, il passa successivement de lieutenant-colonel au rang de colonel, et les titres de baron, d'officier de la légion-d'honneur et de chevalier de Saint-Louis se sont groupés autour de lui pour le gonfler d'orgueil. Qu'a-t-il fait pour mériter toutes ces dignités? Il a été le complaisant des puissans du jour, et s'est mis à genoux devant l'idole du moment. Son caractère rappelle une des plus jolies pièces du théâtre de Picard.

Les officiers à la demi-solde s'applaudissent, chaque jour, de n'être plus dans ses attributions. Toujours la férule à la main, le Colonel-Baron croyait devoir sans cesse faire le méchant, quoiqu'ayant affaire à des gens fort doux, et qui n'ont jamais guère élevé le ton que devant l'ennemi. Il était temps que le colonel ne fût plus chargé de les vexer; car quelques-uns, sans bruit et sans scandale, se promettaient de lui demander raison de certains rapports mensongers, faits sur leur compte.

Et comment le Colonel-Baron n'aurait-il pas

commis des vexations, lorsqu'une partie des documens, sur lesquels il les appuyait, lui étaient
donnés par un nommé *Tison*, calomniateur à gages, employé dans les bureaux de la guerre, dont
il fut honteusement chassé pour avoir figuré dans
l'affaire de la vente des décorations.

FIN DE LA POLICE MILITAIRE.

# POLICE

## DU

# CHATEAU DES TUILERIES.

# POLICE

## DU

## CHATEAU DES TUILERIES.

Il est si agréable, pour beaucoup de gens, de savoir ce que font les uns, ce que disent les autres, que tout le monde veut avoir sa police, et Messieurs les gentilhommes de la chambre en ont une aussi; mais ce qui la distingue des autres, c'est que ses *agens* ne sont point salariés. Quel noble dévoûment! C'est à ces agens, doués d'un si grand désintéressement, qu'on a dû, dans le temps où l'on créait des conspirations, maintes dénonciations sur de prétendus ennemis du gouvernement, des bonapartistes et des libéraux. En 1815, le château des Tuileries était assailli de ces *mouches* qui dédaignaient un salaire, mais qui sollicitaient, avec instance, des places et des emplois. Un des plus empressés, était un sieur *Desquiron de St.-Aignan*, intrigant de première classe, avocat, homme de lettres, fabriquant de bretelles, qu'on a vu souvent chez le duc d'Aumont, en uniforme de garde nationale, avec des épaulettes empruntées au libraire *Arthus Bertrand*, ayant des médailles qu'il faisait passer pour des décorations étrangères. Ce sieur de St.-Aignan dénonçait chaque jour quelqu'un, annonçait que les libéraux avaient de sinistres projets ; mais, n'ayant jamais rien pu prouver, il fut démasqué et éconduit.

Il vira de bord, et se montra libéral. En cela, il imita le général *Margon*; mais nous reviendrons autre part sur le compte de ce général, car il a tous les droits possibles à un article particulier.

Messieurs de *Brossard*, de *Kintsinger*, de *Sursuray*, de *Veze* avaient aussi, et ont encore une police. Ils recevaient les notes, les délations qu'on leur remettait dans l'intérêt de la cause royale. Mais combien ils ont été trompés et le sont encore !

Parmi les *mouches* du château, on peut placer au premier rang un sieur *Meille*, maintenant

maréchal des logis de la maison du roi; c'est le
protégé de MM. de Polignac, et l'espèce de *fac-
totum* de M. le duc d'Havré. Il fut, dans un temps,
l'agent du préfet de police M. Anglès, de M. de
Cazes; et ses rapports apprenaient tout ce qui se
passait à la cour et souvent ailleurs. Avant d'exercer les fonctions de mouchard, le sieur Meille
était capitaine au 58e. régiment de ligne, où,
comme chargé du dépôt des effets, il eut une
affaire qui l'aurait probablement conduit à Toulon, sans de puissantes protections; à son retour
de *Gand*, honoré de la faveur des grands, il a
obtenu la place qu'il occupe aujourd'hui.

Le sieur *Pirmet*, mouchard agréé du château,
d'abord étudiant en droit aux frais d'une femme
entretenue par un Hollandais, ensuite volontaire
royal, ayant eu le courage d'aller jusqu'à Béthune;
au retour du Roi, capitaine dans le second régiment de la garde; renvoyé et souffleté par ses camarades, pour cause d'espionnage; devenu avocat, rayé du tableau; lié avec les intrigans et
les faiseurs des plus vilaines affaires; défenseur de
tous les mauvais sujets; aspirant à la place d'audi-
teur au conseil d'état ou de maître des requêtes,
et, en attendant, admis, il est vrai, chez de
puissans personnages, mais à titre d'espion: cet
homme est décoré. O honte!

Le sieur *Doulier*, d'Alençon, mouche du palais, allié à tous les intrigans ; calomniateur effronté, plat valet de quelques hommes éminemment placés.

Le sieur *Gallirmie*, autre mouche des Tuileries, aussi dangereux qu'ignorant, faisant écrire ses dénonciations par un écrivain de la rue de Rivoli, et qui, de concert avec un nommé *Duré*, dénoncèrent le général Vincent, comme portant sur sa poitrine le portrait de Napoléon, suspendu avec un ruban tricolore. Ces deux êtres, aussi vils, sont membres d'une société des amis de la légitimité, où ils publient des infamies contre les personnes qui leur ont rendu de grands services, et notamment sur le marquis de Vilenage, chevalier d'honneur de Madame la Dauphine.

Le sieur *Chambet*, huissier de la chambre des députés, fait encore un peu d'espionnage. A une époque antérieure, il fournissait à l'inspecteur général Fondras des rapports particuliers sur ce qui se passait dans les conférences secrètes de la chambre.

Le sieur *Verces*, furet du Château, homme à tout faire. Mouche bien dangereuse ; il était impliqué et justement impliqué dans la vente des décorations ; il a dénoncé tous ses complices. Il fut payé des deux côtés, et par les acheteurs de croix et par la police.

Le sieur *Dulac*, ex-militaire, a joué le même rôle que Verces. Il avait reçu 500 fr. sur les 3,000 f. donnés par le marquis de Livri, pour avoir la croix de St.-Louis. Dulac s'est tiré de ce mauvais pas, grâce aux services qu'il rend aux différentes polices de Paris.

FIN DE LA POLICE DES TUILERIES.

# POLICE

## DE

## LA GARDE ROYALE

### ET

## DES GARDES DU CORPS.

# POLICE

DE

# LA GARDE ROYALE

ET

# DES GARDES DU CORPS.

————⟨∘⟩————

Le premier corps de l'état militaire avoir une
police!...... Les aides-majors de la garde royale
ont quelques agens qui surveillent les officiers et
les soldats principalement. Ces agens, à qui l'on
paye quarante sols par jour, pour espionner de
tous côtés, parcourent tous les lieux publics, les
guinguettes, les cabarets des boulevards; et c'est
le verre à la main qu'ils exercent leur surveil-

lance. Lorsqu'un soldat a fait une légère esca-
pade, mais qui, pourtant, mériterait une punition,
s'il paye à boire au camarade mouchard, l'affaire
en reste-là, et l'agent garde le silence. Si le marchand de vin, dont on a cassé les tables ou les
verres, a grand soin de l'agent, alors pas de doute
qu'il a raison, et sa plainte est écoutée. Sans cela,
*néant* à la requête.

Lorsque MM. de Montesquiou et D............
étaient aides-majors de la garde, le comte d'As....,
colonel de lanciers, fut destitué pour avoir diverti
les fonds de la caisse de son régiment. Fondée ou
non, le colonel dut cette dénonciation à un chef
d'escadron de son régiment, M. de......, qui
rendit compte du fait à un agent qui en fit son
affaire auprès des aides-majors. Eh bien! malgré
cette destitution, dont les motifs reposaient sur
un délit fort grave, le comte d'As.... fut choisi,
par S. A. R. le duc de Berry, pour être un de ses
aides-de-camp.

Avis aux dénonciateurs!

# GARDES DU CORPS.

La garde particulière du Souverain a aussi une police attachée à ce qui l'entoure. Paris fourmille de mouches de toutes couleurs. C'est un nommé Breillé qui est le chef de la police des gardes du corps, et ce n'est pas des supérieurs de la compagnie d'Havré que ce chef mouchard a le plus à se louer. Ils le détestent autant qu'ils le méprisent. Ce titre d'agent secret, si bien connu de tout le monde, donne au sieur Breillé la faculté de faire des dupes; et lorsqu'on s'en plaint à ceux qui l'employent, ils disent ne pas plus le connaître, pas plus qu'un sieur *Houssard*, digne en tout point, d'être le second de Breillé. Peuton, sans se récrier, voir que la conduite de mili-

taires distingués, au moins par leur naissance, soit
scrutée par de tels misérables, et qui, pourtant,
sont crus sur parole ! On les méprise, on les exé-
cre, et l'on s'en sert ! Partout des mouchards !
on assure qu'il est même des personnes qui font la
police en amateurs ! quel honneur ! Quelle agréable
récréation !

FIN DE LA POLICE DE LA GARDE ROYALE
ET DES GARDES DU CORPS.

# POLICE

## DE LA PLACE DE PARIS.

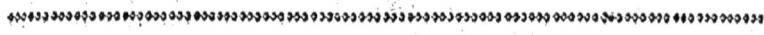

# POLICE
## DE LA PLACE DE PARIS.

Puisque la franchise et la droiture sont les qualités qui distinguent éminemment le militaire, on doit s'étonner que la place de Paris ait une police à elle, une police dans les sentiers tortueux de laquelle on ne devrait jamais rencontrer un seul homme. Enfin, puisqu'il en est ainsi, nous allons nous occuper de cet établissement, qui, à la vérité, ne s'étend que sur les sous-officiers et les soldats résidant dans Paris par congés, ceux qui passent, et tous ceux qui composent la garnison.

Le capitaine *Olive* est chargé en chef de cette partie du service sous les ordres du maréchal-de-camp, commandant la place, et du chef de l'état-

major. Ce capitaine Olive a sous sa direction un
certain nombre d'agens dont le chef est un nommé
*Valengelier*, avec le titre de secrétaire. Ces agens,
ou *mouches* militaires, furetent dans les casernes,
dans les guinguettes qui avoisinent les barrières,
et là ils voyent, tant bien que mal, comment se
conduisent les militaires, et s'il y a des rixes entre eux et les bourgeois. Ces agens de police militaire, peu jaloux d'aucune considération, n'hé-
sitent point à se faire connaître des marchands où
ils exercent leur surveillance, afin d'y être hé-
bergés *gratis*; et c'est à ce titre qu'ils accordent leur protection à ces maîtres de cabarets. Malheur à ceux qui n'ont pas su capter
la bienveillance des agens! Bientôt des rapports
mensongers seront faits contre eux, on discrédi-
tera leurs maisons par de sourdes et perfides in-
sinuations ; et parce qu'un marchand de vin n'a
pas répondu à leur cupidité, ou satisfait leur gourmandise et leur ivrognerie, sa ruine est jurée ; et
malheureusement elle n'a que trop souvent lieu.
L'autorité, lorsqu'elle a connaissance des infractions de ses agens, des concussions qu'ils exercent, les punit, il est vrai; mais elle est extrême-
ment lente à sévir; et le tort que des agens ont
fait dernièrement à un marchand de vin de la bar-
rière Vaugirard, est irréparable pour lui, encore

bien qu'un de ces agens ait été renvoyé après avoir été convaincu de concussion.

Cette lenteur à punir les coupables, on peut en accuser le capitaine Olive, la cheville ouvrière de la bureaucratie de l'état-major de la place de Paris; et pourtant le capitaine est largement rétribué, car, outre sa place à l'état-major, il touche encore 500 francs par mois de l'administration des jeux. Il est bien encore d'autres épices, d'agréables immunités qui tiennent à l'emploi; mais, capitaine, convenez-en, le temps qui court n'est pas celui où le général comte de Rochechouart commandait en personne.

La banque de France et quelques autres établissemens d'importance donnent chaque mois, à l'état-major de la place, une certaine somme pour les troupes de la garnison qui y monte la garde, et ces fonds sont déposés entre les mains du général qui commande la place. Le comte de Rochechouart distrait, ou par ses grandes occupations ou par ses plaisirs, oublia de faire faire la distribution de ces fonds aux troupes de la garnison, et l'argent lui resta. *Quelle inadvertance!* Le capitaine Olive, animé d'un beau zèle, et dans l'intérêt des militaires, informa le lieutenant-général Coutard de cette circonstance; celui-ci, à qui le comte de Rochechouart avait parfois fait sentir que sa noblesse était de nouvelle essence, ne fut pas fâché de trouver l'occasion d'avoir barre sur un rejeton de la vieille roche, et il s'empressa de donner connaissance au ministre de la guerre, de la retenue illégale faite par le général de Rochechouart. Sur l'intervention du ministre, 9,000 francs furent remis au chef de l'état-major de la première division ; et comme c'était un général revêtu du nom d'une ancienne famille, à qui cette *inadvertance* était arrivée, l'affaire fut à peu près mise sous le boisseau, et on voulut bien se contenter de cet à-compte sur une restitution qui aurait pu lui être considérable. Un pauvre diable eût été poursuivi jusque dans ses derniers retranchemens; et voilà comme justice se rend!...

Quelque temps après cette vilaine affaire, le général de Rochechouart fut remplacé, et partit pour l'armée d'Espagne, où il fut employé dans l'état-major de son beau-père, le superbe fournisseur Ouvrard.

FIN DE LA POLICE DE LA PLACE.

# POLICE DES ALLIÉS.

# POLICE DES ALLIÉS.

Dans le spectacle des renversemens d'Empires et de Royaumes, il est un épisode fort curieux : c'est l'établissement d'une police des alliés dans la capitale de la France. Les Anglais, les Autrichiens avaient des agens français qui leur faisaient des rapports; mais les Prussiens dirigeaient eux-mêmes leur police, et leur chef était *Justus Grumer*; il avait sous ses ordres le chevalier *Bein*, conseiller à la Cour de Prusse, logé rue Saint-Guillaume, hôtel de Berlin; et le baron *Muffling* en dirigeait aussi une partie.

Il faut l'avoir vu pour le croire! Oui! des Français, agens d'une police contre leur pays, dénonçaient leurs concitoyens à la police des étrangers, et les exposaient aux plus grands dangers. Ces étrangers qui, malgré leurs foudres de guerre, tremblaient au milieu des paisibles habitans de Paris, accueillaient avec autant d'avidité que d'inquiétude les rapports qui semblaient justifier leurs craintes. Un des agens du chevalier Bein lui annonça un jour qu'un habitant de la rue Saint-Victor avait en dépôt chez lui, dans une cave, quinze mille fusils, destinés, par un signal convenu, à massacrer..... (ma plume refuse de tracer une telle horreur), et à surprendre les alliés. L'alarme se répand : on court directement au lieu du rassemblement des fusils, on marche en observant de tous côtés ; et, arrivé à la rue Saint-Victor, on y trouve bien la cave en question, mais abandonnée depuis long-temps, à cause de son humidité, et où jamais on n'aurait eu la pensée de déposer des armes.

Il entrait bien dans la politique des alliés, et surtout de la Prusse, d'exciter les habitans de Paris ; mais il n'entrait pas dans leur plan, en suscitant des troubles, de les faire naître à main armée ; ils auraient voulu seulement quelques clameurs populaires, des criailleries dans les rues, dans les marchés, afin de justifier des mesures bien plus sévères que toutes celles qui existaient. Dans cette perfide intention, le chevalier Bein,

qui parlait très-bien français, se glissait dans les
groupes qui se formaient sur les quais, près des
Tuileries, dans le voisinage des halles et des
salles de spectacles ; et là, il tenait, ainsi que ses
agens, des propos qui pouvaient troubler la tranquillité publique. Tout était préparé, non pour y
remédier, mais pour accabler le peuple. Les
troupes Prussiennes, au premier signal, eussent
été sous les armes, et leur artillerie chargée à
mitraille aurait vomi la mort sur des milliers
de malheureux portés involontairement à se sou-
lever. Tels étaient les moyens pacificateurs que
nos amis, les alliés, voulaient employer pour signaler leur présence chez une nation qui ne lui
donna jamais l'exemple de la perfidie. Est-ce
ainsi que les Français se conduisirent à Berlin, à
Vienne? Terribles et invincibles sur le champ
de bataille, ils deviennent les amis et les protecteurs des vaincus.

Le célèbre peintre Carle Vernet, qui, dit-on,
avait tué en duel un officier prussien, aurait été
fusillé s'il n'avait eu l'adresse de se soustraire aux
recherches du chevalier Bein et de Justus Grumer. Ce fut pour d'autres motifs qu'on rechercha
le général Morgon, la honte du militaire français.
Pour de l'argent il faisait la police des alliés,
mais ce n'était qu'à Wellington qu'il fournissait

des renseignemens. Napoléon le connaissait bien ;
aussi le méprisait-il. Employé en Espagne sous
le maréchal Soult, il abandonna l'armée sous le
prétexte de sa santé, mais il vint à Paris intri-
guer et faire des dupes. Lors de l'envahissement
de la France, il refusa d'aller à Rheims commander cette place, parce qu'on lui refusait la
somme qu'il demandait. Le général, qui fut nommé à sa place, mourut honorablement en défen-
dant son poste; une pareille gloire n'est point
réservée au général Morgon. A la première restauration, après avoir obsédé de sollicitations le duc
d'Aumont, le duc de Maillé, qui ne l'estimaient
pas, il obtint, à force d'importunités, le commandement de Landrecy, Avesnes et Quesnoy. Napoléon débarque à Cannes, le général Morgon
arbore sur-le-champ le drapeau et la cocarde tricolores, fait des proclamations, refuse le passage
au duc d'Orléans qui allait en Belgique; et, malgré toutes ces preuves d'ingratitude envers la
cause qu'il avait demandé si instamment à servir,
le comte d'Erlan, qui commandait Lille, et le
maréchal Ney qui y vint ensuite, le firent remplacer. Il arrive à Paris, offre ses services à Lucien
Bonaparte qui occupait le Palais-Royal, et à
Fouché. Dans un mémoire tres-détaillé, il pro-
posait au prince Canino de vendre tous les biens

du duc d'Orléans, pour payer ce qui était dû aux
membres de la légion-d'honneur. Pas mal pensé,
si les choses eussent subsisté cent ans, au lieu
de n'exister que cent jours; mais c'est une horreur que d'avoir proposé à Fouché les moyens de
faire arrêter le duc de Maillé, son protecteur; et,
quand il demanda au ministre de la police de
parcourir divers départemens pour ranimer l'esprit public en faveur de Napoléon; Fouché, qui
déjà avait tâté le pouls de l'avenir, le refusa en
lui disant : « Dans six semaines vous seriez obligé
de demander autre chose. » Quand le Roi fut de
retour de Gand, le général Morgon eut pourtant
l'impudence de se présenter au château des
Tuileries, dont il fut honteusement éconduit;
il retourna à Wellington, à la police duquel il
s'occupa; le ministère français, pour ce fait, le
fit arrêter; en prison, à la Force, pendant quelque temps, il y vivait fort bien, grâce, dit-on,
aux guinées de sa grâce Wellington. Enfin, il
sortit d'un lieu où il n'aurait jamais dû entrer,
du moins comme espion; et c'est encore par
grâce qu'il fut mis à la retraite.

Que les alliés aient trouvé des espions parmi
les hommes de la police française, c'est déjà une
infamie; mais quel nom donner à ces honteux
agens, recrutés dans des rangs distingués de la so-

ciété? à ces misérables, indignes du nom français,
et qui pourtant excitaient les ennemis de leur patrie à tourmenter, à vexer leurs compatriotes.
Combien d'habitans de cette paisible, de cette immense cité de Paris, ont été la victime de sourdes
délations et de perfides mensonges! La police
étrangère accueillait avec ardeur toute espèce de
dénonciation; et, à cette époque, une simple division, regardée comme nulle, subordonnée à la volonté des alliés, composait la police française. Les
Autrichiens s'en occupaient peu, et renvoyaient
tout aux Prussiens. Toute cette police étrangère
était payée avec les fonds de la France, et c'était en
monnaie française que les *mouchards français*
recevaient le prix de leur ignominie. Au reste,
il faut bien se garder de croire que les Prussiens,
comme les autres puissances envahissantes, fussent
guidés par le désir de rétablir les Bourbons sur
le trône de France. Écoutez ce que disait alors le
chevalier *Bein* : « Il nous est indifférent que les
» Français prennent tel ou tel individu pour les
» gouverner, pourvu que ce ne soit pas Napo-
» léon, ou quelqu'un des siens. » Jugez les alliés
d'après cette profession de foi d'un homme qui
leur était entièrement dévoué, qui avait leur
confiance, le secret des cabinets. Cependant, ou
peut croire aujourd'hui, qu'ils ont adopté un

système plus conforme au vœu général des Français.

Sans la crainte de réveiller des haines presque assoupies, nous nous procurerions la douce satisfaction de faire connaître nominativement à nos lecteurs, les personnes qui s'étaient dévouées au service des puissances alliées sous les étendards de la police ; mais, peut-être qu'en les flétrissant du signe de la réprobation, nous affligerions quelques familles honnêtes auxquelles elles appartiennent, et ce n'est point notre intention. Cependant, que ces *mouches* auxiliaires ne s'imaginent pas être inconnues à tout le monde, et pour leur en donner la preuve, nous allons offrir les lettres initiales des noms de convention sous lesquelles elles fournissaient leurs notes :

A. P. L., dit *La Quinte.*

Le chevalier X., dit *Josias.*

La dame S. F., dite *Ambroisine.*

De R., dit *La Franchise.*

F. F., dit *Tout-en-Dieu.*

Eulalie D., dite *La Petite Sœur.*

De L., dit *La Fleur de Lys.*

De G., dit *Abner.*

S., dit *La Bonté.*

La fe R., dite *Sans-Gêne.*

Etc., etc., etc.,

Ce nommé S., dit *la Bonté*, était bien le plus mauvais garnement de toute la bande délatrice, et tous les jours, trois et quatre fois, il accourait chez le chevalier Bein, les poches pleines de délations.

La femme R., dite *Sans-gêne*, était la messagère d'un sixain de bonnes Françaises, qui s'amusaient à faire la police en amateurs ; et qui, par un reste de pudeur, n'osant signer les renseignemens qu'elles fournissaient contre leurs amis, peut-être, mais toujours contre leurs compatriotes, les faisaient parvenir par l'entremise de cette dame *Sans-Gêne.*

Mais on ne sait pas si on doit être plus étonné de voir des Français, et des femmes surtout, se déshonorer doublement, en faisant la police contre leur pays, que surpris de la crédulité de Justus Grumer, du chevalier Bein, du baron Muffling et d'un sieur Keurlh, qui dirigeaient cette police des alliés, l'opprobre de ceux qui la servaient. Ces chefs, ces directeurs de police croyaient aveuglément tout ce que la haine, l'esprit de parti, l'erreur et la sottise suggéraient à leurs agens ; et, dans leur aveuglement, ils ont commis une foule d'injustices.

FIN DE LA POLICE DES ALLIÉS.

# INSPECTEURS

## DE POLICE.

# INSPECTEURS

## DE POLICE.

———

Foudras aîné. C'est en suivant le torrent et en profitant de toutes les circonstances, que, dans notre révolution, beaucoup d'hommes sont devenus importans. Lorsque tout a été entraîné, hommes et choses, l'inspecteur-général Foudras, avec de l'habileté et de la souplesse, a su se maintenir à son poste, conserver sa faveur à travers les agitations dont il fut souvent entouré, et échapper à l'incendie, quoiqu'il fût environné de flammes. Foudras aîné, chapelier à Lyon, était doué de beaucoup d'intelligence ; et, pendant le régime révolutionnaire, il publia chez lui quelques bro-

chures de l'esprit qui régnait alors. Dans un moment où la France était plongée dans la plus
grande confusion, on voyait, de toutes parts, des
hommes qui voulaient la sortir du profond aveuglement où elle était tombée. Mais, comme nul
n'est prophète dans son pays, Foudras aîné vint
à Paris, où l'accompagna son jeune frère, et tous
deux aussi peu somptueux que le modeste *Bias*.
Foudras aîné, très-actif, trouva bientôt le moyen
de se caser dans la police, et devint assez promptement officier de paix, sous l'inspecteur-général *Veyrat* qu'il supplanta. C'est de-là qu'il prit
son essor, et, placé à la sommité de la police, il
se conduisit avec tant d'adresse et d'intelligence,
qu'il gagna la confiance entière du préfet de police ( Pasquier ); il eut la signature, puisait à son
gré dans la caisse pour payer ses agens secrets,
nommait des officiers de paix, au nombre desquels il plaça son frère, mauvais singe de son aîné,
qui, en voulant jouer l'important, prouva, sans
réplique, qu'il n'était qu'un sot. Eh bien! malgré
cela, on rampait devant lui. *D'un magistrat
ignorant, c'est la robe qu'on salue.*

C'est en ce temps-là que Foudras aîné, con-
centrant toute l'autorité en lui, et, qu'aidé des of-
ciers de paix *Labeaume, la Rivière, Dubosse,
Dubois*, et tant d'autres arbitraires, c'était à qui

mieux mieux, à qui se surpasserait dans la carrière. On arrêtait, on incarcérait sur les plus lé-
gers motifs ; on faisait des coupables ; on en créait
d'une haute importance pour se donner de la considération par le mérite de la découverte. Oh! le
bon temps pour messieurs de la police.

L'inspecteur-général Foudras prit un logement
à la préfecture, où toutes les *mouches* publiques
ou secrètes venaient, chaque jour, prendre le mot
d'ordre, où le sieur *Bailly*, commis aujourd'hui
à la bibliothèque du département, n'était qu'au
dernier rang, ainsi que le sieur *Ducré*, maintenant inspecteur sous l'officier de paix *Marlot*, et
l'intrigant *Manthou*, entrepreneur de lithogra-
phie, en ce moment, rue du Paon, le plat valet
de l'inspecteur-général qu'il trompait, quoiqu'il
lui dût son existence, et qui encore aujourd'hui
le calomnie.

L'influence, le pouvoir, le crédit de l'inspecteur-général Foudras, croissaient chaque jour ;
et, depuis quelque temps, il avait jeté les fon-
demens de sa fortune qui s'élevait à vue d'œil.
Tous les emplois de la police active étaient à sa
disposition ; et, comme il avait *l'oreille du préfet*,
quiconque avait la sottise, le malheur de lui déplaire, commissaires ou employés, tous étaient
sacrifiés impitoyablement ; mais, avec une soumis-

sion aveugle et de l'adresse, on jouissait de sa
bienveillance. Plus sa puissance s'agrandissait, et
moins il était accessible aux petits; mais aussi,
plus il était flatteur auprès du ministre auquel,
chaque jour, il rendait compte des événemens de
la veille, de ceux qui se préparaient en secret
et par ses soins, au grand atelier de la rue de
Jérusalem, il savait, avec une rare dextérité, faire
valoir les moyens qu'il employait, pour que le
gouvernement fût persuadé que le salut de l'Etat
dépendait de la police, et qu'elle était son vrai
palladium. Pour fortifier tous ses raisonnemens,
on avait la ruse de répandre, dans le public, des
bruits qui justifiaient l'opinion qu'il avait eu l'art
d'insinuer. Il était trop habile pour se montrer dans
les lieux publics, dans les cafés ; mais on le voyait
souvent dans le salon des grands du jour, et par ses
nombreux essaims de *mouches* prises dans toutes
les classes, mouches qu'au surplus il payait fort
bien, il était exactement informé de tout ce qui
se faisait, de tout ce qui se disait. Il avait fait un
choix d'hommes adroits et alertes, qui le servaient
avec zèle, et parmi lesquels il y en avait même
auxquels il avait donné carte blanche, et qui ne
recevaient de lui aucune direction. L'administration actuelle n'a pas un seul agent qui puisse être
comparé à ces *familiers* de l'inspecteur-général

Foudras : elle n'a pas eu le bon esprit de se les at-
tacher. De ce nombre n'est pas l'officier de paix
actuel, le sieur *Gullan*, pauvre hère, ni le nommé
*Dechet*, mouche affidée de l'officier de paix Marlot, et encore moins un *Generté*, ancien officier
de gendarmerie, et pourtant décoré de la croix de
Saint-Louis et de l'étoile de la légion-d'honneur,
intrigant arrêté mainte fois, qui en a trop fait pour
être regardé comme un honnête homme ; mais
pas assez pour être flétri par les lois. Figuraient
encore, au nombre des employés de l'inspecteur-
général Foudras, le comte de St.-E......., le
soi-disant marquis de S........ le chevalier de
P..... la dame H...... la demoiselle M.... de
D......., et beaucoup d'autres encore ; mais nous
signalerons particulièrement un sieur *Roulin*, ex-
sergent aux gardes suisses, qui, aidé par l'interro-
gateur *Limodin*, faisait la traite des forçats qu'il
faisait sortir de Bicêtre, pour entrer, en payant,
dans le régiment de M. *Castella*. Ce Roulin tra-
fiquait de tout, cartes de sûreté, permis de séjour, places d'inspecteur ; et aujourd'hui, à la faveur de la croix de Saint-Louis, il fait des dupes,
et brocante sur tout ce qui peut lui procurer de
l'argent.

Rendons justice à l'inspecteur-général Foudras.
Il ignorait toutes ces turpitudes ; il travaillait plus

en grand, et dédaignait de ramper misérablement,
depuis qu'il était sorti de l'ornière du besoin.

Tout marquis veut avoir des pages.

« Foudras aîné eut des valets à livrée, une maison de campagne à Chaillot, somptueusement
meublée. *La Caisse secrète*, transformée en nouveau Pactole, arrosait le pavillon des délices du
visir Foudras. Les ministres, les préfets se succé-
daient, disparaissaient comme dans une lanterne
magique ; mais l'inspecteur, ferme comme un roc
au milieu des plus violens orages, restait inébran-
lable, et avait le talent de se rendre indispensable.
Sous Napoléon, il fonda sa puissance ; à la restauration, il sut se maintenir en place, et M. Anglès, préfet de police, qui apprécia les talens de
l'inspecteur-général Foudras, ne s'en serait jamais
séparé, s'il fût resté le chef de cette importante
administration.

A la retraite de M. Anglès, Foudras aîné, pré-
voyant bien qu'à la fin il pourrait être remplacé, donna sa démission, obtint une pension de
6,000 francs sur la caisse du roi, pension qui,
réunie à 30,000 francs de rentes, le mettent à
même de mener une existence heureuse. Avant
d'abandonner ses fonctions, et les lieux témoins

de ses succès et de sa fortune, il a eu la géné-
rosité de convertir en gratifications le fonds de
cette précieuse caisse secrète, gratifications qu'il
fit donner à ses créatures, à ses protégés. Bel
exemple à suivre par des ministres!

———

## 3ᵐᵉ BUREAU.

Ce bureau a pour chef M. de Mariste. On y
délivre tous les passe-ports pour l'intérieur et l'ex-
térieur de la France; les *visa* et les permis de séjour, et tout ce qui a rapport à cette partie, sont
du ressort de ce M. de Mariste, qui a pour adjoint M. Porte. Il y a, dans ce bureau, une ving-
taine d'employés, qui ont l'air de ne griffonner
que du papier, et qui sont rangés sur une ligne
comme les personnes qui composent la Cène. En
face de cette escouade d'écrivains, sont assises
pêle-mêle toutes les personnes qui sollicitent des
passe-ports; et la plupart de ces employés ne se
piquent pas d'une extrême urbanité. Les passe-
ports pour l'intérieur s'accordent sur l'attestation
des commissaires de police et du témoignage de

12

deux habitans; mais, s'agit-il d'aller dans le pays
étranger, fussiez-vous connu, de tous les employés de la police, pour le plus honnête homme
du monde, vous n'en semblez pas moins un homme
suspect. Les plus minutieuses informations sont
prises pour connaître vos opinions politiques; et
quand les *mouches* ont assuré que vous ne voya-
gez pas pour aller attaquer la Sainte-Alliance, et
que vous n'êtes pas trop soupçonné de libéra-
lisme, alors, mais sans avoir eu égard à l'importance des affaires qui exigeaient promptement
votre présence à l'étranger, on vous délivre un
passe-port; et, durant qu'on a pris ces informations
qui doivent, aux yeux de la police, assurer le repos de la France, le débiteur infidèle, l'assassin,
l'escroc, le banqueroutier, s'échappent et prennent au large, avec des passe-ports que souvent
ils ont obtenus plus facilement qu'un honnête
homme, mais qu'à la vérité ils ont payés plus
cher. Partout il est, avec le ciel, des accommodemens; et il y a tel agent, dont on enchaîne la surveillance, en lui parlant à l'oreille, et en lui mettant amplement l'effigie du prince dans la main,
qui, au besoin, vend à un coquin un passe-port
au moyen duquel celui-ci voyage avec sécurité.
Demandez à l'agent *Malvaux* et à ses pareils si ce
n'est pas ainsi que la chose se pratique?

On a extrait, de ce troisième bureau, un employé qui y était fort utile, M. Laurentie, et dont on a fait un inspecteur de l'université, chargé d'aller scruter, espionner la conduite des instituteurs de l'établissement de Sorrèze, école que M. Laurentie a jugé ne devoir pas être conservée.

Ce troisième bureau a des attributions de la plus haute importance : les cultes, les suicides, la débauche, la misère, l'imprimerie, la librairie, les journaux, les pamphlets ; et ce qu'il y a de choquant, c'est que tout ce qui tient à la littérature est surveillé par des agens d'une profonde incapacité.

Les écrivains publics sont aussi sous la domination du troisième bureau. Ces hommes de *lettres* sont les confidens des Limousins, des Savoisiens, qui écrivent à leurs parens ; des cuisinières et des filles de toute espèce, qui entretiennent leurs amans de leur tendresse. Rien n'est plus comique que les phrases amoureuses qui s'échappent, avec facilité, de la plume romantique de ces auteurs en échoppes, qui rédigent aussi les placets et les pétitions de certains solliciteurs peu difficiles sur le style et sur l'orthographe.

Les théâtres et les bals publics ressortissent aussi au troisième bureau. Un sieur *Leclerc* est le chef de cette partie qui le met presque en intimité avec les commissionnaires qui sont à la porte des spectacles; ces amis à voix rauque vendent des billets pour son compte, et ce trafic lui rapporte beaucoup.

Les chevaliers du lustre, claqueurs-entrepreneurs de succès, ont aussi un compte ouvert chez le sieur Leclerc, qui a reconnu, parmi ces honnêtes gens, un ex-voleur qui a figuré dans la bande de Vidocq.

Les sociétés et réunions chantantes, telles que les *Lapins, les Joyeux, les Flambards, les bergers de Syracuse, les favoris de Bacchus, de Momus, d'Épicure, des Muses, d'Apollon*, etc., sont encore surveillés par la police. On ne peut ni boire ni chanter sans sa permission, ni même rimailler un pauvre couplet. Quelle inquisition!

Le carnaval s'ouvre et se ferme au commandement de la police; c'est au troisième bureau qu'on arrête le budget de la folie, qu'on organise les parties de masques où l'on rit tant bien que mal, à tant par tête.

Les chanteurs viennent soumettre à la police ce qu'ils vendent dans les carrefours et dans les rues Un sieur *Rougemaître*, le Pindare du genre, poète à la rame, chansonnier sans le secours des neuf doctes sœurs, est le fournisseur préféré de

tous les chanteurs publics; ses chefs-d'œuvre
lui sont payés comptant, et certes il est plus
d'un sous-préfet qui a moins d'appointemens, en
y réunissant ses frais de bureau, que le poète
Rougemaitre ne retire de ses productions.

## 2ᵐᵉ DIVISION.

M. *Parisot* est le chef de cette division; il a
succédé à M. Henri, qui affectionnait tellement
cette partie, qu'il ne peut jamais parler, sans attendrissement, de l'heureux temps où il faisait
arrêter les voleurs, les assassins, les incendiaires,
les faux monnayeurs, etc. Il aimait à les voir,
non pas positivement à cause de leur amabilité
personnelle, mais par amour pour son état.

## 1ᵉʳ BUREAU.

M. *Puteaux* est le chef du premier bureau de la
deuxième division. M. Parisot et lui sont en rapport direct avec le fameux *Vidocq*, à la célébrité
duquel nous consacrerons un chapitre tout entier.
— Les hôtels garnis, les logeurs sont sous la surveillance de ce bureau, qui, tous les jours, est in-

formé de tous les voyageurs qui entrent et qui sortent de Paris. — Les commissionnaires, presque tous paresseux, et qui rançonnent ceux qui les emploient, lorsqu'ils ne dorment pas sur leurs crochets au coin de la borne; les marchands d'habits, fripiers, brocanteurs, quoiqu'ayant la plaque, la plupart compères et compagnons des escrocs, des voleurs et des filoux, dont ils achètent les rapines, sont enregistrés à ce bureau.

## 2ᵐᵉ BUREAU.

MM. *Narthus et Gallet*, chefs de ce bureau, interrogent, dans les trois jours, les individus amenés de la salle Saint-Martin. C'est d'après le jugement de ces deux *Minos*, que les prévenus sont mis en liberté ou envoyés à la disposition des tribunaux. Le mode d'interrogation est parfois très-abusif, à cause des lenteurs auxquelles s'abandonnent facilement ces employés interrogateurs. Il vaudrait mieux envoyer de suite les prévenus devant les juges d'instruction, qui sont plus expéditifs, et qui ne se rient pas de la liberté des citoyens. On retient souvent au secret, à la salle Saint-Martin, pendant trois et quatre mois, des hommes que l'on renvoye devant des tribunaux, qui, quelquefois, les absolvent. Cette salle Saint-Martin rappelle naturellement les *oubliettes*. Plusieurs détenus s'y sont suicidés; mais la terre qui les couvre ne révélera pas les accidens. C'est ainsi qu'un homme, arrêté par Vidocq et sa bande, à l'occasion de la fameuse affaire de la forêt de Senard, s'est pendu dans la salle Saint-Martin, sans qu'on ait pu deviner comment il avait pu se stranguler. On disait tout bas qu'il aurait pu donner d'importans renseignemens sur cette grande affaire; mais il avait pris le meilleur moyen pour garder le silence.

## 3ᵐᵉ BUREAU.

Le chef de ce bureau est M. *Cléon*, qui a, dans ses attributions, les prisons où l'on ne peut entrer ni sortir sans sa permission. Tout ce qui a rapport aux verroux est de son ressort. Quel doux privilége! Les hospices, les maisons de sûreté, le

regardent encore. Il a, sous ses ordres, plusieurs
employés qui tiennent la biographie in-f°. de tous
les détenus, avec des notes; et c'est un recueil
aussi curieux que précieux.

# 3me DIVISION.

## 1er BUREAU.

La direction de cette partie du service est confiée à M. *Gautier*, qui, sous l'autorisation de
M. le préfet, accorde tous les emplois qui sont
dans ses attributions, tels que les allumeurs de réverbères, les balayeurs des rues, les inspecteurs
des puits, aqueducs et fontaines. Les cochers de
fiacres, de cabriolets, les charretiers, postillons,
étaleurs ne marchent et ne circulent que d'a-
près l'agrément de M. Gautier. Il a organisé dernièrement le service des places de fiacres et autres
voitures; et des inspecteurs, depuis 300 jusqu'à
1,200, ont été nommés par lui, pour faire donner à boire aux chevaux de ces voitures, à raison
de 50 centimes par jour, et pour surveiller les cochers. Ces inspecteurs sont souvent chez les mar-

chands de vins qui avoisinent les places; c'est-là qu'ils tiennent leur bureau et leurs écritures. Depuis cette nouvelle organisation, le service en est-il mieux fait? Et mon dieu, non! Les cochers prétendent que leurs chevaux ne leur coûtaient jamais dix sols d'eau par jour; et dans cette contribution, d'après leur cacul, il y a autant pour boire pour les agens que pour les chevaux. — La surveillance de l'illumination est souvent en défaut. Beaucoup de réverbères s'éteignent au milieu de la nuit, et c'est sûrement, comme l'a dit le chansonnier Désaugiers, ceux qui comptent sur la lune. Les voleurs aiment assez ces sortes d'éclipses. — L'inspecteur-général, chargé du nettoyage des rues de la capitale, pour peu qu'il ait d'odorat et d'yeux, devrait être convaincu combien ses ordres, s'il en donne, sont mal exécutés; car, en beaucoup d'endroits, il s'exhale des odeurs dont l'influence pourrait être pernicieuse dans la capitale; mais les employés se portent bien, qu'importe le reste de la société? — Les aqueducs, les égoûts ne sont pas mieux surveillés, et pourtant on a destitué l'inspecteur *Gresset*, qui faisait contribuer les propriétaires voisins de ces égoûts, qui, pour se soustraire au désagrément d'une fouille, d'un simple curage, s'exposaient à des dangers réels.

MM. *Mottet* et *Raffeneau*, chefs de bureau de
cette partie, ont plus d'adresse que l'inspecteur
Gresset, et leurs petits intérêts sont à l'abri de la
découverte.

---

## 2ᵐᵉ BUREAU.

La police de la rivière et des approvisionnemens
de chauffage est une des principales attributions
de ce bureau, dont les chefs sont MM. *Porchet*
et *Moreau*, M. *Poilles*, inspecteur-général, et
M. *Thomas*, contrôleur, qui, dit-on, protége
beaucoup de monde; et puisqu'il s'agit d'approvisionnemens, on assure que tous les employés
de cette partie sont passablement approvisionnés
de vins, de bois, de charbon, et voire même du
poussier pour les chauffrettes des dames. Quelle
attention galante !

## 3ᵐᵉ BUREAU.

M. *Cendrier*, qui a la police des bâtimens et
de la petite voirie, s'entend à merveille avec les
architectes ; et les immunités, qui appartiennent à
la place du chef de cette partie, arrivent discrète-
ment, exactement à l'honnête M. Cendrier.

## 4ᵐᵉ BUREAU,

### HALLES ET MARCHÉS.

Un instant, M. *Bardel!* vous n'êtes pas le chef
premier de ce bureau ; M. *Bertrand* passe avant
vous, et viennent, après vous, différens inspecteurs
qui ont, à leur suite, le peuple-commis, ces pauvres employés ; mais qui, ainsi que vous, et dans
une juste proportion, tâtent dans la primeur de
mille bonnes choses dont foisonnent les halles
et marchés, et qui ne se contentent pas, de même
que vous, de flairer les comestibles, pour être as-
surés de leur fraîcheur et de leur qualité.

# BUREAU

## DE L'INSCRIPTION DES OUVRIERS.

Le commissaire de police *Masson* en est le chef. Au chapitre des commissaires, nous avons parlé de ce *doucereux* fonctionnaire, dont les employés semblent avoir le diapason de sa voix et de son aménité.

———

# CONSEIL DE SALUBRITÉ

## PRÈS LA PRÉFECTURE DE POLICE.

Ce conseil est composé d'hommes savans, instruits , amis de l'humanité , dont les avis sont pleins de sagesse ; on en prend note, mais on ne les suit pas. Encore si on pouvait dire comme *Molière* : « Mon médecin me fournit des ordonnan- » ces ; je les laisse sur la table, et je guéris. »

———

Il y a des syndics de bouchers ; mais la viande n'en est pas meilleure, ni le marché mieux tenu.

Il y a des syndics de boulangers; mais le pain n'a jamais le poids, n'est jamais cuit à point, sent la poussière; qu'importe! il se vend et les réglemens restent en souffrance.

—

Les délégués des charcutiers sont d'une négligence désespérante sur la propreté des chaudières, assez souvent mal étamées; et parce qu'il arrive rarement de graves accidens, il ne faut pas en conclure que beaucoup d'indispositions, plus ou moins fortes, ne soient pas causées par des viandes préparées dans des vases, des récipiens malpropres.

—

Il y a des délégués des entrepreneurs de maçonnerie....... et des maisons neuves écroulent; il y a aussi des inspecteurs de la voirie! on créerait, en plus grand nombre, des surveillans dans tous les services, que cette mesure serait illusoire, tant que les chefs ne se donneront pas la peine de surveiller eux-mêmes leurs surveillans, et de renvoyer ou de punir sévèrement ces employés infidèles.

—

Il existe des délégués du commerce de vins, et dix mille marchands de vins à Paris vendent du

*Bourgogne* dont la recette et les ingrédiens se trouvent souvent rue des Cinq-Diamans; du *Champagne mousseux*, d'après des procédés chimiques; du *Madère* fait avec des vins d'Anjou infusés dans de la poix.

—

Le commerce des épiciers a aussi ses délégués, et pourtant ils altèrent, ils falsifient un grand nombre de substances; *l'huile d'olive* se marie avec celle de Colsa et de Rabette; le *café* croît dans les marais sous le nom de chicorée; la poudre de *ton*, mélangée avec d'autres drogues, remplace *le poivre* de la Jamaïque; l'esprit de vin et le Caramel deviennent du *Cognac*.

—

O progrès des arts, des lumières et de la civilisation! votre règne est en France, votre trône à Paris, et les Français sont empoisonnés cent fois par jour dans la capitale! Mais tous les marchands s'enrichissent, donnent leurs noms à des passages, à des galeries. Voyez le fameux *Véro*, charcutier; il ne mourra plus; son nom est immortel. Ses pénates, ses dieux lares reposent sous les lambris dorés.

—

# CAISSE.

Le but que se proposent tous les employés de la police, c'est de l'argent. Heureux qui peut s'en procurer! tous les moyens sont bons. C'est de cette caisse que sortent, comme d'une autre boîte de Pandore, l'argent qui doit salarier, et même quelquefois sciemment récompenser les artisans d'un peu de bien et de beaucoup de mal.

Oh! si on connaissait la destination et l'emploi des *fonds secrets*, que de machinations honteuses seraient mises au grand jour! que de turpitudes, dont tout l'odieux tomberait sur des gens qui jouissent d'une grande réputation d'honneur, de délicatesse, de probité, et dont les *quittances* attesteraient les rapports mensongers, les délations, la calomnie, et tous les moyens provocateurs qu'ils ont employés pour controuver le mal! On serait saisi de la plus profonde indignation, en découvrant comment des malheureux furent poussés, excités à devenir coupables malgré eux, malheureux dont quelques-uns ont porté leur tête sur l'échafaud, et d'autres qui gémissent encore dans des bagnes et dans des prisons. Et voilà

l'horrible emploi d'une partie des millions dont
la police dispose ! C'est un abîme sans fond, et
les comptes qu'elle rend sont toujours recouverts
d'un voile impénétrable. Si on cherche à le sou-
lever, aussitôt on met en avant *la sûreté de l'É-
tat*, et, par ce moyen spécieux, on assure la
sienne. Que de fois on a puisé dans la caisse sur
le simple *bon* d'un inspecteur-général, sans an-
noncer la détermination de la sienne ; mais *le
bien du service l'exigeait.*

Les choses se faisaient de cette manière sous
les préfets de police *Pasquier* et *Anglès*, et l'inspecteur-général Foudras tirait à vue sur la caisse
suivant son bon plaisir; et, à l'aide de ces mots
*Affaire secrète*, la responsabilité était à couvert;
aussi, lui, les siens, et tout ce qu'il protégeait, se
sont enrichis. A l'appui de cette assertion, nous
citerons le fait suivant : Foudras jeune, déjà fort
à son aise, quoique simple inspecteur à 1,200 fr.,
perdit un diamant dans les bureaux de la préfecture; on le chercha vainement; et comme un
agent parlait de cette perte, un autre dit : « Bah !
» son frère lui fera un bon sur la caisse, et tout sera
» réparé. » D'où l'on peut conclure que ces sortes
de dilapidations n'étaient pas un mystère. A de
certaines mesures de sûreté que prend l'administrateur en chef de la police, on pourrait croire

que les agens comptables sont très-surveillés. D'abord un agent couche dans le lieu de la caisse; le corps-de-garde de gendarmes y touche en quelque sorte; et, comme le dragon de la Toison d'Or, les gendarmes veillent; mais il n'est pas présumable que quelques nouveaux Jasons viennent les endormir, n'ayant point, d'ailleurs, de Médée à leur aide. Ce n'est point la caisse, matériellement parlant, qu'il faut aussi bien préserver; c'est la clef qu'il faut savoir empêcher de tourner au gré d'un inspecteur-général; c'est l'emploi des écus qu'il faut bien diriger; et quelque *secrète* que soit une *affaire*, le préfet doit en demander des comptes à ses agens, pour, à son tour, en rendre au Gouvernement, pour lequel il ne doit point y avoir de secrets.

Le système des délations est tellement approprié à la police; il cadre; il s'engeance si bien avec l'esprit de la majorité des agens de cette administration, qu'il est fort peu d'employés de la préfecture qui disent du bien de leurs camarades, qui fassent l'éloge de leurs chefs. Une médisance, qui se cache sous le masque de la bonhomie, de sourdes accusations, sous l'apparence du bien public, sont les moyens que la confraternité met en usage pour arriver à son but. Mais quelle est vraiment la fin qu'on se propose? c'est d'obtenir des gratifications ; c'est d'arriver, par la marche la plus oblique, à cette bienheureuse caisse, objet de la curiosité générale.

Le préfet actuel a donné, dernièrement, un rare exemple de désintéressement, en refusant, du caissier, à la fin d'un exercice, et pour son propre compte, une somme de 6,000 francs, *restant de caisse* que ses prédécesseurs s'appropriaient sans scrupule ; et il a ordonné que ces 6,000 francs seraient réintégrés dans la caisse, pour venir au secours des employés malades ou infirmes.

FIN DES INSPECTEURS DE POLICE.

# GENDARMERIE

## DE PARIS.

# GENDARMERIE

## DE PARIS.

Jusqu'en 1789, époque à laquelle toutes les institutions monarchiques commencèrent à être supprimées, la garde de sûreté de la capitale était confiée à un corps d'infanterie et de cavalerie, connu sous la dénomination du *Guet de Paris*. Ce corps était aussi ancien que la monarchie; et, dans l'origine, c'était une *milice* que les Francs établirent à l'exemple des Romains.

Du temps de Clotaire II, il y avait un guet de nuit dans chaque principale ville du royaume. Ce prince rendit un édit qui en réglait l'exercice. Cet édit portait que, « *lorsqu'un vol serait fait de*

» nuit, ceux qui seraient de garde dans le
» quartier, en seraient responsables s'ils n'ar-
» rêtaient pas le voleur, et condamnés en outre
» à cinq sols d'amende. »

Si cette loi était encore en vigueur, la solde des
gendarmes de Paris ne suffirait pas pour indem-
niser ceux qui sont volés jour et nuit dans cette
immense cité; s'ils étaient seulement passibles
d'un amende, le service en serait mieux fait, et
il y aurait conséquemment moins de délits.

Dans les archives du parlement de Paris, il est
question du *guet bourgeois* et du *guet royal*. Les
communautés des marchands et des artisans
étaient obligées de fournir alternativement un certain nombre d'hommes; ce nombre était réglé
par le prévôt des marchands, et de ces hommes
on en formait des corps de *gardes-fixes*.

*Le guet royal* était ainsi nommé, parce que c'é-
tait une compagnie entretenue par le Roi. Elle
était composée de vingt sergens à cheval et de
vingt-six sergens à pied. Cette compagnie faisait
les rondes. Elle fut ensuite augmentée de cent
archers à pied, 39 à cheval, 4 lieutenans, 1 gui-
don, 8 exempts, 1 greffier, 1 contrôleur et un
trésorier, et tous en titre d'office. Leur uniforme
était bleu et argent.

Paris s'étant considérablement augmenté, et

l'ancienne compagnie du guet étant devenue in-
suffisante pour sa garde, les premiers magistrats,
sous le ministère de Colbert, demandèrent au
Roi une augmentation de troupes pour la sûreté
des habitans de sa bonne ville de Paris, et Sa Ma-
jesté créa une compagnie d'ordonnance à sa solde :
elle fut de 45 cavaliers.

Sous MM. d'Argenson, père et fils, lieutenans
de police, on établit sept corps-de-garde d'infanterie, et une autre compagnie d'infanterie fut
aussi créée sous M. Turgot, prévôt des marchands.
Cette dernière compagnie, particulièrement destinée à la garde des quais et des remparts, fut portée
successivement jusqu'à 258 hommes, divisés en
22 corps de garde. En 1760, le guet à cheval était
de 170 maîtres; le guet à pied était de 472 hommes; en tout 900 hommes.

L'uniforme de la cavalerie était bleu, galonné
d'or; épaulettes en or; veste, culotte et paremens
écarlate; chapeau à trois cornes et bottes fortes;
mousqueton, sabre et pistolets; cheval noir,
housse écarlate et or.

L'uniforme de l'infanterie était bleu, aussi paremens rouges, guêtres noires et chapeau à trois
cornes, fusil, bayonnette et giberne.

L'état major du guet de Paris se composait du

chevalier du guet, ayant le rang de lieutenant-
colonel,

D'un major,
De 4 aides majors,
De 4 sous-aides majors,
D'un commissaire des guerres,
D'un enseigne,
De deux exempts,
De deux adjudans,
D'un chirurgien major,
D'un aide-major chirurgien.

La gendarmerie royale de Paris n'a pas immé-
diatement remplacé le guet à cheval et le guet à
pied ; mais elle a succédé aux régimens qui, depuis
le commencement de la révolution, faisaient le
service de la garde de sûreté de la capitale, et les
derniers régimens, qui en furent chargés , furent
licenciés pour avoir pris une part trop active à
l'affaire du général Mallet qui, ainsi que plusieurs
militaires de ces régimens, fut fusillé à la plaine de
Grenelle. C'est donc à compter de cette époque
mémorable que la gendarmerie royale fut créée
telle qu'elle est aujourd'hui. Elle est, ainsi que les
sapeurs-pompiers, sous les ordres immédiats du
préfet de police qui, par ce moyen, se trouve être

le colonel, le général de 3000 hommes dont il dispose à son gré.

Il nomme à tous les emplois; la comptabilité le regarde seul, et ce n'est absolument que pour la forme qu'on en parle au ministre de la guerre. On en murmure hautement dans ses bureaux. Ce commandement est l'objet de la convoitise des généraux qui le regarderaient comme une retraite agréable, et il a souvent été question de revenir sur cette organisation d'un corps militaire dont le chef appartient tout-à-fait au civil; on a présenté des plans, soumis des projets; mais le préfet de police étant intéressé à ce que les choses restent dans l'état où elles sont, les plans et les projets restent ensevelis dans la poussière des cartons.

Cette gendarmerie royale, ce corps si nombreux, si bien entretenu, si bien soldé, ne doit être composé que d'officiers pleins de zèle et d'activité, et de soldats aussi dévoués que vigoureux. Il faut cela pour que Paris soit en sûreté, pour que ses nombreux habitans dorment toujours tranquilles, pour qu'aucun voleur ne puisse circuler, approcher d'une boutique, d'une porte pour la forcer. Halte-là! la patrouille est là, et le fripon est saisi. Eh bien! voyez la médisance, la calomnie même? Est-ce que des gens, qui se prétendent bien informés, n'assurent pas qu'il n'est rien de tout cela, et que l'assassinat du sieur *Jo-seph*, changeur d'argent au Palais-Royal, offre une preuve bien convaincante que la gendarmerie royale n'entend rien, ou ne veut rien entendre à la sûreté des citoyens. Si l'on en croyait ses dé-préciateurs, ce ne serait qu'un corps de parade, une espèce de garde d'honneur soldée à grands frais et presque de toute nullité. Comme la passion égare les hommes! mais, ces bons gendarmes, ne les trouve-t-on pas partout? à la porte et dans l'intérieur de tous les spectacles? aux bals, dans toutes les fêtes, les cérémonies publiques? et, quand ces cavaliers vous font écraser par leurs chevaux, c'est pour votre bien. Les fantassins vous renver-sent-ils à coups de bourrades, mais c'est encore pour votre bien. Pauvres badauds! vous ne voyez donc pas que tout cela est arrangé, ordonné dans votre intérêt, pour vous obliger à rester chez vous, où vous dépenserez bien moins d'argent qu'à cou-rir les spectacles, les fêtes et les rues?

Le colonel actuel de la gendarmerie royale, M. le marquis de ........ s'est acquis une sorte de célébrité par le mot *empoigner*. Quelle énergie ce chef militaire déploya dans cette cir-constance, où un seul mot, dit à propos, a su le couvrir de gloire! A cette énergie il sait, au be-soin, faire succéder la grâce et l'atticisme, qu'il

déploie dans des soupers fins, dans des soirées dé-
licieuses, et dans des bals charmans qu'il donne
dans un vaste local près de l'hôtel de la préfecture. Ses appointemens ne suffiraient pas au faste
qu'il montre, si l'administration des jeux ne le
gratifiait pas d'une somme assez forte. Peut-être
encore est-il quelques autres bénéfices attachés à
la place. Nous l'ignorons; mais il est, au moins,
permis de le penser.

Le colonel *Tassin*, auquel M. le marquis de
. . . . . . . . a succédé, a répandu, sur la place,
un vernis peu flatteur. Son procès avec le sieur
*Robert* et sa discussion avec le sieur *Lainé* ont
mis au grand jour une foule de choses, que, pour
l'honneur des parties et celui de la police, il eût
été très-sage de laisser ignorer; car, encore bien
qu'on n'ait point arrêté le quartier-maître, qui
avait spolié les deniers de la caisse de la gendarmerie. . . . . . . . Mais nous ne devons pas paraître
en savoir autant, et peut-être plus que d'autres.
Tant il y a que le colonel Tassin fut remplacé,
s'absenta, reparut et fut mis à la retraite avec le
grade de maréchal-de-camp. Docteur Panglos,
vous l'avez dit: tout est au mieux dans le meilleur
des mondes; et puisque le colonel Tassin a obtenu
cette faveur, faut croire qu'il la méritait.

Le colonel de la gendarmerie, indépendamment de ses soldats, a encore, à ses ordres, un certain nombre d'adjudans qui font la police aux spectacles avec les gendarmes. Ces adjudans, à le bien prendre, ne sont pas des mouchards. Eh bien! il est des gens assez craintifs pour n'oser rien dire devant eux. A leurs yeux, tout ce qui se rattache à la police, sent l'espion à une lieue à la ronde.

Gendarmes! garde à vous! on pourrait bien aussi vous confondre avec ces âmes damnées de la rue de Jérusalem, lorsque vous endossez l'habit bourgeois, et que vous avez en poche la carte d'agent de police. Convenez qu'on peut, qu'on doit vraiment s'y méprendre. Lorsque vous méprisez ces agens de police, c'est bien; vous leur accordez ce que la plupart méritent; mais réfléchissez donc que vous êtes, ainsi qu'eux, sous les ordres du même chef, et, quelquefois, à l'uniforme près...

° · · · · · · · ·

Les gendarmes qui quittent leurs corps, ou par congé, ou par renvoi, entrent assez souvent dans la police civile, et *civil* ici n'est pas le synonyme d'*honnête*. Ces anciens militaires sont peu experts; ils ont encore de la franchise du soldat; ils ne savent pas *feindre* pour mieux *dissimuler*; aussi ne sont-ils bons que pour *empoigner*; et c'est dans la brigade centrale et dans celle de sûreté qu'on les emploie de préférence.

Des gens qui se plaignent toujours, des gens dont le nombre est assez considérable, forment des vœux pour que l'autorité s'occupe de rendre le service de la gendarmerie vraiment utile à la sûreté de la capitale, et que ce ne soit point purement une troupe d'apparat. Malgré leur humeur contre la gendarmerie, ces pessimistes reconnaissent que les gendarmes, pris individuellement, se conduisent bien ; que probablement celles de leurs actions, qui excitent le mécontentement public, ne sont que le résultat des ordres qu'ils reçoivent, et du vice qui existe dans l'organisation du corps.

FIN DE LA GENDARMERIE DE PARIS.

# PROSTITUÉES

## DE LA CAPITALE.

# PROSTITUÉES

## DE LA CAPITALE.

———◆———

Les prostituées de la capitale forment une grande partie de la population de cette immense cité; ces femmes, la honte de leur sexe, se trouvent tellement avilies à leurs propres yeux, qu'elles étalent avec audace leur déshonneur.

Ces malheureuses victimes du libertinage, autant que de l'abandon de leurs parens, sont sous la surveillance immédiate de la police. C'est le 3e. bureau de la 1ere. division qui en est chargé; mais un officier de paix, six employés et douze agens sont essentiellement préposés au matériel de cette importante et dégoûtante partie de la préfecture de police.

14

Ce bureau offre l'affligeant tableau d'un con-
cours continuel de prostituées qui, sans pudeur, entrent et sortent, les unes pour demander
l'autorisation d'exercer leur infâme métier, les
autres pour recevoir de vives mercuriales sur des
plaintes portées contre elles. Toutes sont enregistrées à la police, avec la même formalité qu'un
soldat porté sur le registre matricule de son régiment. On leur délivre une carte qui leur sert de
*passe* pour faire *leur commerce*, comme elles
l'appellent. Elles sont en outre obligées de se présenter très-fréquemment au dispensaire pour y
subir la visite du médecin. Chaque femme laisse
à cet établissement 3 fr. par mois, en sorte qu'en
ne portant leur nombre qu'au minimum de 15,000,
la préfecture reçoit chaque mois 45,000 fr, ce qui
lui fait par an, pour cette seule branche d'industrie, 540,000 fr.

Indépendamment de ces 15,000 malheureuses
patentées, il en existe encore un grand nombre
qui exercent par contrebande ; mais celles-ci ne
payent pas patente à la police, sont plus rete-
nues dans leur conduite, et n'affichent pas le
scandale avec autant d'effronterie ; elles parcourent les boulevards, les passages et les galeries,
s'égarent avec l'intention d'être remises dans
leur chemin par les amateurs de grisettes, et

se rendent dans les maisons à partie pour y faire *une connaissance.* Parmi les plus élégantes éhontées, on distingue celles qui vont aux spectacles, et qui se tiennent dans une loge où elles gardent une place pour........ le premier venu qui se déclare amateur de leurs charmes.

Sans exercer aucun courtage sur les *femmes-entretenues,* courtisanes du haut parage, la police les connaît à peu près toutes, parce que la plupart d'entr'elles ont été recrutées dans la classe *vulgivague,* d'où un heureux destin les a fait sortir, et où le sort les replacera probablement lorsqu'elles auront épuisé la roue de fortune.

Les théâtres offrent un autre genre de prostitution sur laquelle la police a aussi *l'œil* ouvert. En desservant les autels de Thalie, Melpomène et Terpsichore, certaines actrices et danseuses se dévouent au culte de Vénus; et c'est dans les rangs de ces laies artistes, que les gens riches choisissent leurs maîtresses.

On appelle *Dames de maisons,* à la police, celles qui tiennent les lieux de débauches, qui ont sous elles, à leur solde, un certain nombre de femmes qu'elles nourrissent. Ces dames de maisons, qui sont enregistrées à la police comme chefs d'établissemens, ont des commis voyageurs, courtières habiles à débaucher la jeunesse ou à recruter, pour leur patron, ce qu'elles appellent *filles d'amour*.

La police, en général, est obligée de traiter avec beaucoup de sévérité les filles-raccrocheuses, car, c'est-là où gît tout ce que la corruption a de plus dégoûtant, de plus infâme. Chaque soir on en arrête 50 à 60, quoiqu'elles soient enregistrées, et malgré qu'elles aient une carte pour exercer. On les conduit au dépôt de la préfecture, et de-là à la *Petite Force*, où, d'après un jugement de l'officier de paix, elles restent un, deux et trois mois, suivant que l'inspecteur qui les a arrêtées est plus ou moins sévère. Si elles doivent quelque chose au dispensaire, le jugement est rigide.

Le chef du bureau du dispensaire, est un sieur *Julien* qui le dirige à son gré ; il protège ou punit selon son bon plaisir, et, d'après *les égards* qu'on a pour lui ; aussi les dames de maisons ont pour M. Julien une grande vénération, qu'elles savent adroitement témoigner par des cadeaux, faits avec toute la délicatesse et le mystère possibles.

Il entre encore dans les attributions du sieur Julien de protéger mystérieusement un certain marchand ébéniste-tapissier-brocanteur, appelé

*Aimé-Rond*, fournisseur à peu près exclusif de toutes les filles publiques qui sont mises dans leurs meubles, et auxquelles le chef du bureau du dispensaire impose l'obligation de désigner le sieur Aimé-Rond à leurs entreteneurs, pour les fournitures de leur mobilier. Il y a tant de mutations, et il se fait tant de mouvemens parmi ce genre de femmes, que le même ameublement est quelquefois vendu à trois ou quatre personnes, dans un très-court espace de temps. Un amant, ou un séducteur, ou un sot, ce qui est à peu près synonyme dans l'espèce, met une de ces femmes dans ses meubles; il donne pour cela 1,200 fr. à l'objet de sa flamme; huit jours après, la belle fatiguée de celui qu'elle avait juré d'aimer toujours, revend à Aimé-Rond, pour 600 fr., ce qu'elle avait payé le double, change de logement, et va dans un autre quartier faire une nouvelle dupe, à laquelle on passera probablement la même partie de meubles, et toujours pour le double de ce que l'honnête brocanteur les reprendra peu de temps après. Tout cependant n'est pas bénéfice pour celui-ci, qui n'oublie point que le chef du bureau du dispensaire ne le perd pas de vue; aussi, est-il fort reconnaisssant.

Lorsqu'on sait combien il y a de ces prostituées dont la santé est infectée, on doit conclure que

l'exactitude avec laquelle on les oblige à se présenter au dispensaire, est plutôt provoquée par la
rétribution des 3 fr. qu'on exige d'elles, que par
une mesure sanitaire.

Si la morale entrait pour quelque chose dans
les mesures de répression dirigées contre les filles
publiques, on ne les admettrait pas aussi facilement à se livrer au libertinage, qui les conduit
à tous les genres de dépravations. Avant d'inscrire
leurs noms sur le registre où désormais leur déshonneur est consigné pour toujours, on ne
daigne pas en appeler un seul instant à cette pudeur innée chez toutes les femmes, à cette délicatesse qui, rappelée avec une certaine éloquence,
arracherait beaucoup de ces malheureuses au
démon de la prostitution. Mais, non! Il suffit
qu'elles fassent connaître leurs vicieuses intentions, pour qu'on leur délivre la fatale patente
d'exercer le plus honteux métier, qui les entre-
tient ainsi dans l'oisiveté, la paresse, l'amour d'un
luxe effréné, l'oubli de tous les devoirs, enfin,
le déchaînement des passions les plus dégoûtantes et les plus nuisibles à la société.

Il est très-curieux aussi de voir les *dames de
maisons* conduire des néophites devant l'officier
de paix. Les postulantes sont parées avec autant
de soin que si elles allaient solliciter une place

honorable. La plupart de ces aspirantes sont de pauvres filles que de légères fautes ont fait quitter leur village, et qui sont dans l'enchantement de se voir aussi bien mises, aussi bien nourries ; on ne leur parle que bonheur et richesses, jusqu'à ce qu'elles soient reçues à la police. L'officier de paix qui les enrôle sous les drapeaux de la plus infâme prostitution, cajolé par les petits présens et les grandes révérences des dames de maisons, accueille favorablement celles-ci ; et, quand l'aspirante a de beaux yeux, la dame de maison qui a le tact, a lu dans ceux de l'officier de paix qu'il ne serait pas fâché de se trouver seul avec la débutante.

Ces dames de maisons sont presque toutes d'anciennes prostituées, vétérans de l'ordre, d'une immoralité profonde, qui, trop vieilles ou trop flétries pour continuer leur premier état, vivent du produit des charmes de leurs victimes. Cependant, elles ont encore *un ami*, homme bien *délicat*, qui les soutient et les protége au besoin, ( c'est presque toujours un honnête agent de police. ) Commensal familier de la dame de maison, il fait les honneurs de sa table, lorsqu'elle y reçoit de riches habitués, pigeons pattus aux ailes dorées, et qu'il aide à plumer avec une dextérité toute particulière. A cette table, on n'admet pas indistinctement toutes les femmes du sérail ; il y a des préférences, et l'honneur de l'admission n'est accordé qu'à celles qu'on sait être agréables, soit à des inspecteurs, soit à M. l'officier de paix, qui, à la faveur des ombres de la nuit, vient clandestinement se délasser dans un joyeux et grivois banquet, de ses pénibles travaux. Chut ! Ne compromettons pas davantage la dignité du fonctionnaire, et n'allons pas dire qu'au dessert.... Suffit. Soyons discrets, et ce qui se dit en tête-à-tête, et ce qui se fait autrement, ne regardent personne. Ne confirmons point au chef suprême de l'administration de la police l'opinion où il est déjà, que plusieurs de ses employés comptent goguettes chez les dames de maisons ; car il les destituerait, ainsi qu'il en a déjà usé vis-à-vis des sieurs *Pascal* et *Travers*, officiers de paix.

Plusieurs de ces dames de maisons se sont enrichies à tenir de ces lieux de prostitution. On en connaît plusieurs dans la capitale et dans les grandes villes de province, qui ont de belles propriétés. On citait de ce nombre, à Paris, la dame *Lévéque* qui, malgré sa corruption, avait fait donner à sa propre fille une excellente éducation ; et, chose inouie, elle avait la prétention, en la dotant richement, de vouloir la marier à quelqu'un de bonne famille.

Rien ne saurait égaler la dépravation, qui va toujours croissant, des dames de maisons, et d'une certaine classe de filles publiques, qui, blasées sur les plaisirs créés par la nature pour le parfait bonheur de l'homme et de la femme, s'efforcent d'en chercher d'autres auprès de leur sexe, en sacrifiant au culte de Lesbos; et, ce qui révolte au dernier degré, c'est qu'il existe de ces femmes abominables qui donnent sur leur dégoûtante lasciveté, des leçons de théorie et de pratique. C'est presque toujours sous les habits d'homme que les proxénètes de ce genre de débauches circulent dans la capitale; et, depuis la fameuse *Raucourt*, dont le nom est en grande vénération parmi ces impudiques créatures, ce goût dépravé s'est étonnamment accru. Mais la police ayant dans ses mains les moyens de comprimer, d'arrêter au moins les progrès de cette dépravation, est bien coupable de la laisser s'accroître sous ses yeux. Elle a les noms des coryphées et de ces androgynes, si fameusement éhontées, dont l'une tient une espèce d'académie chez elle, où, par d'exécrables manœuvres, on sait attirer des jeunes filles sans expérience, et des femmes dont la légèreté n'a pu éviter le piège.

La police conserve la même apathie à l'égard

ces hommes enclins à la *pédérastie*. Et les voix se taisent sur de telles infamies !..... Vous voyez ces hommes orduriers circuler dans Paris, au Palais-Royal, dans certains cafés, où une élégance recherchée les distingue presque toujours. Les uns se vendent et les autres achètent. Le soir, au déclin du jour, vous en signalerez bon nombre sur les quais Saint-Nicolas, du Louvre et de l'Archevêché; place du Marché-Neuf, de la Sorbonne et aux champs-Élysées; et partout vous verrez avec quelle assurance, quelle impudeur on ose vous faire les plus dégoûtantes propositions. On est arrivé, sur cette passion effrénée, à un tel degré de dépravation, qu'un jeune homme, appartenant à une famille très-honnête, après s'être asphixié à Sainte-Pélagie, où il était détenu pour dettes, écrivit, avant de mourir et avec beaucoup d'éloquence, des lettres où il faisait l'éloge de tous les plaisirs, de toutes les jouissances physiques, réprouvées par les lois divines et humaines.

Mais, revenons aux filles publiques dont la prostitution est autorisée par la patente de la police, autorisation si facilement obtenue, qu'elle accroît le nombre de ces filles réprouvées d'une manière effrayante, en portant la honte et le déshonneur dans un grand nombre de famille, et pourtant, il faut le dire aussi, il est beaucoup de parens qui ont l'infamie de vivre du produit du libertinage de leurs enfans. Pour en être convaincu, il suffit de se trouver à neuf heures du soir, à la sortie des filles qui ont passé quelque temps à la Force ; là elles sont accueillies avec des transports de joie, non seulement par leurs amans, leurs amies, mais encore par leur père et mère qui, pendant la captivité de leur enfant, ont fait très-maigre chair. Les dames de maisons viennent aussi à cette sortie de la Force reprendre leurs subordonnées. L'une de ces chefs d'établissemens mondains, qui habite le quartier de l'opulence à Paris, se plaignait un jour à l'officier de paix *Pascal*, de ce que l'on arrêtait chez elle des femmes qui faisaient *honnêtement* leur métier, comme si elles étaient des filles du coin de la rue.

Où l'amour-propre va-t-il parfois se nicher ? Il faut voir le ton protecteur des femmes publiques élégamment mises, envers celles que la médiocrité ou la misère assiége ; comme si le vice de la prostitution et ses suites dégoûtantes n'étaient pas aussi hideux sous la bure que sous les fastueux atours. Et que faut-il, d'ailleurs, pour élever ces femmes au faîte de la fortune, quelquefois des grandeurs, ou les replonger dans l'obscurité ? Le caprice d'un homme riche ou d'un fou qui veut se satisfaire,

et presque toujours le dégoût et la satiété en sont
la suite.

Il existe encore une classe de femmes plus perfides que toutes celles dont nous avons parlé jusqu'a-
lors , femmes principalement dangereuses pour
les mœurs, et qui peuvent, à l'abri de l'impunité,
détruire le bonheur des familles.

Ces femmes, habiles dans l'art de la séduction, sont
les courtières des libertins de tout âge, et qui, à quelque prix que ce soit, veulent obtenir, pour satisfaire
leurs passions déréglées, ce qu'on appelle des *femmes honnêtes;* ils désignent à leur courtière l'objet
de leur convoitise, et tout aussitôt celle-ci, que
l'appât du gain excite, empruntant les dehors de la
décence et de la bonté, se met en campagne, tend
ses filets avec adresse, dispose la séduction, et
sait, sans qu'on soupçonne ses horribles intentions, s'introduire dans une famille respectable :
là, elle intrigue avec tant d'art, qu'elle fascine les
yeux de tout le monde, elle devient l'amie de la
maison; et si c'est une jeune fille qu'elle doit faire
succomber, elle sait, avec l'assentissement de ses
parens, l'attirer chez elle, où elle trouve le
libertin dont elle excite le désir sensuel. Tantôt
c'est un luxurieux à cheveux blancs, tantôt c'est
un jeune homme aux passions fougueuses et déréglées; mais, quel qu'il soit, les services de

l'infernale embaucheuse se payent toujours fort cher.

C'est toujours à table, où à l'aide des liqueurs qu'on espère troubler la raison de celle que l'on veut perdre : un repas est offert; et, suivant l'âge de l'aspirant, ou c'est un vieil ami qui vient rendre une visite , ou c'est un jeune parent qui se présente. Ni l'un ni l'autre ne restent; et pas un mot, pas un geste ne leur est échappé qui puisse alarmer l'innocence de la jeune fille; mais, dès que les visiteurs sont sortis , la perfide courtière ne tarit pas sur leurs qualités, sur leurs richesses, sur leur pouvoir dans le monde; et la pauvre petite, dont on a juré le déshonneur, rentre chez ses parens édifiée, enchantée de l'accueil qu'on lui a fait. La mère, sans nulle défiance, la confie une autre fois à celle qui paraît aimer sa fille ché-rie, et celle-ci accourt au lieu où l'on prépare sa honte; elle y trouve celui dont elle a excité les coupables désirs : on les laisse seuls....... et, malgré les pleurs et les gémissemens auxquels la maîtresse de la maison est tout-à-fait sourde, le vice triomphe de la vertu; et, quand paraît enfin l'abominable femme qui en a ourdi la trame, elle semble partager toute l'indignation de la victime, en arrachant au séducteur la promesse de réparer par l'hymen l'outrage qu'il a fait à son innocence.

On l'appaise, on la reconduit chez elle, elle garde
le secret. La mère revoit sa fille bien-aimée, ne
soupçonne rien : remercie le monstre qui l'a trom-
pée ; et celle-ci, en la quittant, va recevoir le prix
de son infâme courtage. La jeune fille a succombé
une fois, elle succombe encore : on la berce d'es-
pérance qui ne se réalisent jamais. Celui qui l'a si
indignement abusée , s'en dégoûte et l'abandonne
aux regrets, aux remords, et lui a souvent ouvert
la porte au libertinage.

Ce qui est arrivé à cette jeune fille n'est que
trop la véritable histoire de beaucoup d'autres
jeunes personnes et de femmes mariées qui ont
également été la dupe de ces courtières de débauche (*).

Ces infâmes pourvoyeuses ne bornent pas leur
*savoir-faire* à corrompre l'innocence ; et, quand
elles ne tendent point leurs dangereux filets à la
jeunesse inexpérimentée, elles procurent à qui
bon semble, des femmes à parties ; et, chez elles
on en trouve un assortiment complet, où, depuis
quinze jusqu'à trente ans, on y voit des femmes

(*) La plus accréditée de ces proxénètes femelles , à
Paris, est une dame *Barthélemy*, qui demeurait jadis rue
Pelletier, n° 27, et dont le domicile est maintenant rue
de Provence, n° 55.

qui ne sont pas toutes sans amabilité, espèce de bazar où les hommes riches prennent les femmes qu'ils veulent entretenir ; et les deux parties con-tractantes, dès le premier jour de l'alliance, payent à la courtière un droit d'aubaine assez important , droit qu'elle ne laisse jamais échapper en l'ajour-nant plus de vingt-quatre heures, temps quelque-fois plus que suffisant pour amener un réfroidis-sement qui compromettrait ses intérêts.

Ces *femmes à parties,* du moins celles qui réunissent aux attraits de la beauté et du jeune âge le pernicieux talent d'être aimables, celles-là ont causé la ruine d'une foule de gens que leur mauvais génie avait conduits sur les pas de ces dangereuses syrènes, et qui, après avoir épuisé avec elles la coupe des délices amoureuses, vont, en pleurant, invoquer les secours du dieu d'Epidaure.

Nous pourrions apprendre au public, aussi bien que la police le sait, le nom et la demeure des plus célèbres courtisanes de la capitale ; nous pourrions esquisser leur biographie, et dérouler le tableau des frasques, des folies , des infidélités et des goûts bizarres de cet essaim de femmes ga-lantes. Nous pourrions aussi signaler celles qui réunissent à leurs exploits amoureux, l'emploi de *fine mouche,* dont l'honorable brevet leur est

délivré rue de Jérusalem ; emploi à l'aide duquel
elles abusent tout à leur aise de la confiance de
ceux qui, dans l'ivresse du plaisir, ne soupçonnent
pas qu'on les enlace de perfidie et de trahison.
Non ! nous ne ferons point toutes ces révélations ;
mais, pour prouver que nous sommes bien informés, nous appellerons l'attention particulière
de nos lecteurs, seulement sur deux de ces
femmes si célèbres dans les fastes de la galan-
terie.

La première est la dame *Tassin* qui a , dans la
rue Taitbout, ce qu'on appelle l'appartement
d'une *petite-maîtresse* et garni par elle des
meubles les plus élégans. Cette belle , dont on ne
saurait plus vanter les jeunes appas , réunit encore
à des attraits séduisans une vivacité d'esprit qui
la classe parmi les courtisanes du rang le plus
distingué. Avant de briller sur la scène du monde
sous le nom qu'elle porte aujourd'hui, on la connaissait sous celui d'un filateur de coton de la capitale, pauvre dupe qu'elle ruina , et qui, comme
le dit le proverbe, jeta un triste coton après avoir
jeté l'argent par les fenêtres pour plaire à sa
belle maîtresse. La chûte du filateur amena naturellement une rupture ; comme ce fut la dame
qui la provoqua, elle s'en consola bien vite, et,
sous le nom de *Tassin*, elle parcourut en grand

( 125 )

la carrière de femme entretenue, et avec tant de succès, qu'elle s'enrichit en mettant ses charmes à un prix si élevé qu'il n'était pas permis à tout le monde de s'en approcher. Ardente au plaisir autant qu'intéressée, elle attacha à son char et la ville et la cour; et c'est dans ce brillant éclat de toute sa prospérité qu'elle fit la conquête du comte de B....., gouverneur de Paris, qui, sans être riche, payait encore assez de sa bourse, quoiqu'il payât beaucoup de sa personne; mais en femme équitable, et à titre de compensation, il paraît que le secrétaire de monseigneur le gouverneur trouvait, sans bourse délier, les plus douces jouissances près de la maîtresse de son patron.

La demoiselle R...., artiste du théâtre de l'académie Royale de Musique, avant d'être madame D....., attira l'attention d'une Excellence qui avait l'honneur d'être ministre de la maison du Roi, et qui, en s'affranchissant des grandeurs du haut rang, trouvait dans l'incognito, auprès de l'émule d'Euterpe, des distractions qui lui faisaient oublier les ennuis de la Cour. L'Excellence, quoiqu'assez généreuse et assez aimable pour compter sur quelques égards, soupçonna qu'un autre en obtenait d'aussi intimes que lui. Comment acquérir une certitude quelconque? On ne pou-

15

vait la trouver que dans la police; et, pour
avoir la preuve ou qu'on le trompe ou qu'on
l'aime, monseigneur s'abaisse et se familiarise
volontiers avec son subordonné! L'Excellence
s'adressa à la police, qui détacha un de ses limiers aux trousses de la nymphe lyrique, qui,
ne pouvant point espérer de devenir la femme
d'un ministre, s'arrangeait avec le sieur D.....
pour devenir un jour la sienne; mais, en attendant la noce, monseigneur payait grassement
les violons : ce qu'il cessa de faire , quand il
sut qu'un autre que lui dansait sans payer.

FIN DES PROSTITUÉES DE LA CAPITALE.

# VIDOCQ

## ET SA BANDE.

# VIDOCQ

## ET SA BANDE.

———◆———

N'EST-CE pas une chose inouie, que de voir
mettre les armes entre les mains d'individus
que la justice a flétris, et que la Société a pour
toujours repoussés de son sein? L'existence publique du chef de ces individus, *le nommé Vidocq*, est une monstruosité qui pèse énormément
sur la police. Mandrin, Cartouche, que vos
ombres dans le Ténare pâlissent, au récit des
exploits de Vidocq! toutes vos ruses, tous vos
forfaits, toutes vos manœuvres exécrables sont
surpassés. Esquissons les traits de cet être si

fameusement immoral. Vidocq, qui porte aussi
le nom de *Jules*, sous lequel il se fait adresser
les journaux, a cinq pieds six pouces, des formes
colossales, les cheveux blonds, le nez long, les yeux
bleus et la bouche riante; enfin son ensemble, au
premier aperçu, n'est pas sans agrément. Quoique
souvent il a l'air impudent et porte effrontément
ses regards sur tous ceux qu'il rencontre, comme
s'il avait le signalement du genre humain; quoique changeant souvent de costume, sa mise est
toujours très-soignée; et, comme il est dans une
position fort aisée, il a un cabriolet où il est
souvent accompagné d'un de ses familiers, mais
qu'il place tantôt devant et tantôt derrière, suivant le rôle qu'il va jouer. Jamais il ne sort sans
être armé d'un long poignard, dont la lame fort
large est masquinée en or, et dont le manche est
incrusté de pierreries.

Vidocq, jadis tailleur d'habits dans la cour
Saint-Martin, à Paris, n'ayant pas tout-à-fait
bien pris ses mesures dans une certaine affaire, la
justice s'en empara, et un jugement bien en forme
lui servit de feuille de route pour se rendre au
bagne de Toulon, où, en arrivant, on reconnut
sur ses épaules tous les insignes de la friponnerie.
C'est là que son éducation se completta; c'est là

qu'il acquit toutes les grâces du métier. Doué
d'intelligence et de beaucoup de mémoire, il
apprit toutes les ruses des voleurs qui l'entou-
raient, retint exactement les noms des plus intelligens coquins, et forma de tout cela, dans sa
tête, une espèce de biographie, dont il s'est
servi après que le temps de son exil fut écoulé.

De retour à Paris, Vidocq, forçat libéré, vécut
dans une sorte d'obscurité assez voisine de la
misère; mais, se sentant le génie des grandes
affaires, il demanda à M. Henry, chef de la deuxième division, d'être occupé dans la police; et,
comme de temps immémorial on a toujours employé des voleurs pour en découvrir d'autres,
l'intelligent Vidocq fut agrégé au corps des *mouchards secrets*. M. Henry, dont il devint le protégé, n'ayant qu'à se louer de ses talens, quoiqu'il
sût à peine lire et écrire, le lança dans la carrière
administrative de la préfecture de police; et là,
chaque jour se rendant de plus en plus digne
des bontés de son protecteur, il finit par ne plus
marcher dans l'ombre, et M. Henry, en soulevant
tout-à-fait le voile qui couvrait son protégé, le fit
nommer chef de la *brigade de sûreté*. Vidocq
parut radieux de satisfaction; on lui créa un bureau, des attributions de tout ce qui tient aux

crimes, aux vols, etc....; et, après avoir été l'a-
gent, le complice de tels délits, il se chargea de
leur répression, du moins en apparence. Ne pouvant agir seul, il lui fallut des collaborateurs, et
des collaborateurs dignes de lui; il eut la permission de les prendre partout, d'abord parmi
ceux qui, comme lui, étaient en liberté, et puis
dans les *cabanons, les cachots de Bicêtres* et
des autres prisons d'où il exhuma tous les fripons
et les voleurs qui lui convinrent. Il fit ses secrétaires de deux intelligens coquins : le premier
*Lacour*, dit *Coco*, et le second *Decustor*, sans
sobriquet; et c'est assez étonnant, car les fripons et les filous en ont toujours. Le nommé
*Goury*, comme ami intime de Vidocq, devint
son sous-chef; mais l'ami pensa perdre les bonnes graces de son chef, pour s'être approprié, dans
une perquisition, certains bijoux qu'il avait trouvés à sa convenance : la force de l'habitude!

La Brigade de Vidocq est composée de 25 à 30
personnes qui toutes ont mérité le sort de ceux
qu'ils sont chargés de poursuivre et d'arrêter. Par
ce nombre de coquins qui marchent la tête levée,
on voit quel supplément de fripons on a lancés
dans la société. Mais l'administration de la police
veut persuader que cela est nécessaire. Et pour-

quoi s'en étonner? ne se sert-on pas d'acétates de morphine et d'opium pour rendre la santé aux malades? par la même raison on employe des voleurs pour purger la société des mauvais sujets qui la pillent, qui la volent.

Avec le temps, l'importance de Vidocq s'est accrue; il a pris un vol plus élevé; ses appointemens d'abord furent portés à 4,000 fr., et il y ajouta le produit des affaires auxquelles il se livra. Placé sur un plus grand théâtre que celui où il figura jadis de *onze heures à midi*, il organisa des bureaux, il eut des employés autorisés et payés par la police, et l'on connut dans Paris la *bande de Vidocq*. Les voleurs inoccupés sollicitaient chez lui, rue Sainte-Anne, nº 6, près de la préfecture, comme dans un ministère, les places qui pouvaient vaquer dans la brigade de sûreté. Dans ces bureaux, étaient alors inscrits par *Lacour*, dit *Coco*, tous les forçats libérés qui habitent dans la capitale; et la morgue avec laquelle Vidocq accueillait ses anciens compagnons d'armes, était une chose fort curieuse à remarquer. On voyait dans les bureaux de ce chef de brigands, énorgueilli de ses succès, des hommes mis avec une certaine élégance lui faire la cour, et dans la conversation lui rappeler qu'on s'était rencontré à Toulon, et vu en maints autres endroits. Pour ses arrestations difficiles, pour ses expéditions nocturnes, il avait logé chez lui l'élite des coupe-jarrets : placés sous ses ordres, il les habillait, les nourrissait, et la femme de l'un d'eux faisait la cuisine pour tous, à peu près comme la vieille Léonarde dans la caverne de Gilblas. Le goût des affaires vint au chef de la brigade de sûreté, qui plus d'une fois mit en *sûreté* beaucoup d'objets qu'il avait à très-bon compte : bijoux, pendules, montres et tableaux, tout lui convenait ; peu s'en fallut qu'il ne fît la banque ; mais, en attendant, il prêtait sur gages, escomptait des billets, et se contentait quelquefois de 25 pour 100.

Pour s'assurer des voleurs qui ne se compromettaient pas trop vis-à-vis de lui, il leur tendait des piéges, en leur adjoignant des agens de sa bande, pour faire leur coups, et quand ils s'y laissaient prendre, il faisait main-basse sur tous, et reprenait ses agens provocateurs, qu'il retirait des mains de la justice. Mais Vidocq se brouilla avec ses secrétaires, *Lacour* dit *Coco*, et *Decustor*, qui l'accusèrent en plein tribunal d'une foule de vexations, d'escroqueries, d'*honnêtes* bénéfices enfin, auxquels ils n'avaient pas eu

leur part proportionnelle ; telle, par exemple, que
la somme donnée par la banque de France, dans
l'affaire des faux-billets fabriqués par *Collard*.
Presque toute la bande se révolta contre son chef ;
ils portèrent plainte au préfet, qui ne voulut
point entendre de ces querelles entre fripons ;
ils l'attaquèrent plus directement encore, en
l'accusant d'avoir provoqué des voleurs à spolier
une boutique, qui l'avait été effectivement, et
dans le butin de laquelle spoliation il avait eu sa
quote-part. L'autorité en fut indignée, sut à quoi
s'en tenir sur le chef de la brigade secrète, mais
ne le renvoya pas ; et il continue, tout couvert
de honte et d'infamie, à souiller la capitale de sa
présence, et à l'offusquer d'un luxe qui ne peut
être que le produit de ses rapines.

Encouragé par de nouveaux succès, Vidocq fit
la traite des hommes pour le remplacement des
militaires, et se livrait à cette branche de spéculation, à ce genre de concussion avec toute l'effronterie d'un homme qui est assuré de l'impunité.
On évalue à trois ou quatre cent mille francs la
fortune de ce pirate, dont l'ameublement, rue de
l'Hirondelle, pourrait rivaliser avec le faste de
l'hôtel de certain Ministre. Tout concourt à l'enrichir : les Avocats, les Négocians, les Avoués,

les Huissiers, les Gardes du Commerce s'adressent à lui lorsqu'ils ont épuisé tous les moyens de s'assurer d'un homme qui se soustrait à la prise de corps. Aussitôt ses furets sont mis en campagne, et le malheureux qu'on poursuit, à moins qu'il ne se cache dans les entrailles de la terre, parmi les gnomes, est bientôt dépisté. C'est aux soins, c'est à l'adresse de Vidocq que le sieur Séguin dut l'arrestation, vainement entreprise par d'autres, du fameux fournisseur *Ouvrard;* et cette expédition, cette belle capture lui a été payée au poids de l'or. Il a pourtant échoué dans une affaire où toute son imagination a dû s'évertuer en tous sens : c'est dans la découverte, non encore obtenue, des voleurs qui se sont emparés des diamans de M^me. la Comtesse de Chabrol; et, dans un moment de dépit, Vidocq dit: ma foi! je douterais du vol, si je pouvais soupçonner le Préfet de vouloir me mystifier; mais je ne renonce pas à l'espoir de le satisfaire. C'est à lui qu'est due l'arrestation des scélérats de la forêt de Sénart; quoique, dans cette affaire, il ait, dit-on, fait preuve de lâcheté personnelle. Ne nous en étonnons pas trop : le véritable courage ne se rencontre jamais dans la boue.

Vidocq afferme pour son compte toutes ces petites banques de jeux de hasard qu'on voit particulièrement sur les boulevards, jeux défendus par la police, et exploités par des filous, jeux prohibés par l'autorité, qui, d'un autre côté, souffre que le chef de la brigade de sûreté en exploite le loyer qui, dit-on, lui rapporte mille à douze cents francs par mois.

Mais, en dernière analyse, quels que soient les services que rend Vidocq, la police devrait-elle lui accorder un caractère public? Dernièrement il osa certifier la signature d'un juge d'instruction ; c'est, pour ce magistrat, une sorte de flétrissure dont il pourrait demander réparation à l'autorité qui employe Vidocq. Il ne faut donc pas s'étonner si la police est tellement conspuée en France, lorsque de tels hommes en font partie. Qu'on employe Vidocq et sa bande, mais qu'on le fasse avec discrétion, avec discernement! qu'on les surveille tous comme des mauvais sujets dont on peut encore utiliser les honteux, les dangereux talens au profit de la Société; mais qu'on n'investisse point leur chef d'une sorte de considération, et qu'ils sachent tous, qu'en leur faisant grâce, on ne leur accorde pas l'existence avec tous les avantages du *réméré!* Quels dangers ne doit-on pas redouter de cet amas de brigands, en les abandonnant à eux-mêmes, et en accordant à leur chef une latitude, une sorte de puissance qui effraie continuellement les citoyens, et qui expose sans cesse l'administration à d'affreux remords, dont elle a, peut-être, déjà ressenti les redoutables et poignantes atteintes ?

FIN.

www.ingramcontent.com/pod-product-compliance
Lightning Source LLC
Chambersburg PA
CBHW062213270326
41930CB00009B/1723